U0009256

翻轉學

翻轉學

不被投資綁住的樂享生活理財族

《華爾街日報》
第1名
暢銷書

讓每一塊錢都能回本的「低風險現金流投資法」,
打造真正理想的財富與自由

THE LIFESTYLE INVESTOR

THE 10 COMMANDMENTS OF CASH FLOW INVESTING FOR PASSIVE INCOME AND FINANCIAL FREEDOM

賈斯汀・唐納德 Justin Donald——著　簡瑋君——譯

「金錢只是一種工具。它可以為你實現所有願望，但是你才握有真正的掌控權。」

——艾茵・蘭德（Ayn Rand），俄裔美國籍作家

謹以本書，獻給我生命中最重要的兩位女性。

珍妮佛（Jennifer），我美麗的妻子！妳對我的愛、支持、堅定的信念，鼓勵我去追求自己的潛能。

薩凡納（Savannah），我可愛的公主！妳激勵我學習、成長，並且分享我獲得的智慧。相信有朝一日，妳也能學到這些知識。

我對妳們的愛，無法用言語來形容。

目 錄

PART 1
讓你投資的每一塊錢都能回本

PART 2
投資理財的十條金律

目 錄

好評推薦

「在研讀賈斯汀・唐納德（Justin Donald）著作的前 6 個月裡，書中的知識為我帶來了每年超過六位數的稅後被動收入。因此，我現在奉行書中的每一個字。我認為，賈斯汀是世界上最頂尖的樂享生活投資理財專家，我給予他絕對最高的認可。」

—— 萊恩・利韋斯克（Ryan Levesque），三次登上美國商業媒體《Inc.》月刊專題報導〈五千家成長最快私人公司〉執行長、全美暢銷書第一名《問與選》（*Ask and Choose*）作者

「關於財富的成長及家人生活的保障，賈斯汀是我最信賴的投資專家。我認識他十多年了，我可以向你保證，他的投資理財紀錄無人能及。本書結合了他的多年經驗，是現金流投資的必讀指南。」

—— 哈爾・埃爾羅德（Hal Elrod），美國暢銷書《上班前的關鍵 1 小時》（*The Miracle Morning*）作者

「本書是很好的讀物！整合了賈斯汀多年來的投資理財知識與經驗，寫成簡單且容易執行的內容，適合任何投資理財的新手。」

—— 大衛・奧斯本（David Osborn），

《紐約時報》（*New York Times*）暢銷書

《財富不能等》（*Wealth Can't Wait*）作者

「賈斯汀提供了實現財務自由的常識與方法。他的書不是理論說教，而是自己的生活實踐，針對生活的意義與目的所提供的實際作法。」

—— 凱西・韋德（Casey Weade），霍華德・貝利金融公司（Howard Bailey Financial）執行長、美國暢銷書作者

「賈斯汀與許多老師不同！他不會私藏最好的投資理財策略，他會與你分享所有，並且為你創造正面影響力。這本書也不例外。」

—— 約翰・魯林（John Ruhlin），美國暢銷書作者、天才學（GIFTOLOGY）聯合創始人

「相較於利潤，賈斯汀更在乎分享！然而，他似乎兩方面都做得非常成功。這在領域相當罕見，我建議所有朋友，

都向賈斯汀學習。這個人誠實、坦率，值得信賴，也是我取得投資建議的首選對象。本書體現了他多年來的個人經驗與有效行動，如果你想學習現金流投資，這本書必讀！」

—— 喬恩・弗羅曼（Jon Vroman），

「前排爸爸」（FrontRowDads）創始人

「賈斯汀清楚的向我們展現，財富與自由如何共存。對於想成為『樂享生活理財族』的投資人而言，他的十條金律絕對必讀！」

—— 凱利・歐柏布納（Kary Oberbrunner），《破解！從日常工作到夢想工作》（*Unhackable, Day Job to Dream Job*）、《萬應靈丹專案》（*Elixir Project*）作者

「什麼是『樂享生活投資理財』？賈斯汀所傳授的內容，對我有什麼意義？如果要我用一個詞做總結，那就是『自由』！我花了十多年的時間，指導來自美國各地的投資理財顧問。然而，賈斯汀教我的卻都是我不熟悉的新概念，而且還讓我在幾年內就創造出六位數的被動收入，並且可以辭掉七位數薪水的工作，按照自己的方式建立自己的企業。對於像我這樣擁有 3 個孩子的已婚男人而言，如果沒有賈斯汀的樂享生活投資理財概念幫我創建安全網，我不確定自己

是否有能力採取這樣的行動。

　　從投資的角度來看，唯一比賈斯汀傳授的知識內容更好的，就是他的為人了！他為人夫、為人父，為了創造理想生活而投資理財的想法，完全體現在以身作則的行動裡，同時也是個熱心服務的人。我很高興他能藉由你手中的這本書，與全世界分享他的所有祕密！」

　　——布拉德・強森（Brad Johnson），精英顧問藍圖®播客（The Elite Advisor Blueprint® Podcast）主持人、數位金融顧問公司（The Digital Financial Advisor）創始人

　　「如果你正在尋找『如何成功投資理財』與『如何獲取財務自由』的答案，那麼這本書就是為你所準備的！它完全說服傳統投資世界裡的眾說紛紜，讓你洞悉專業投資人的作為，了解如何增加財富同時改善生活。我相信這是每個人都想要的東西，儘管我們沒有意識到這些都是可以實現的。我花了 15 年的時間建立成功的企業，同時也意識到它成為了我的生活，但是最後卻不像自己期望中的結果，可以為生活帶來福祉。我發現自己生活在恐懼中，認為自己已經沒有出路。我被困住了！不得不出賣時間來賺錢。

　　遇到賈斯汀時，他和我分享了這本書裡的許多教訓；我因此意識到，自己還有方法可以突破現況。1 年後，所有

的恐懼都消退了，我離開了七位數薪水的工作。這個決定，進一步再為我想過的有意義生活又提高了標準，最終帶給我和家人應得的自由。如果沒有賈斯汀這本書裡的智慧，我真的不可能做到，因此，我希望這本書也能為你帶來相同的助益。」

—— 肖恩・斯帕克斯（Shawn Sparks），投資人、《顧問突破》（*The Advisor Breakthrough*）作者

「我希望每天醒來，自己都是擁有事業的顧家男人，而不是有家庭的生意人。從遇見賈斯汀的那一刻起，我就有種難以置信的認同感！」

—— 傑夫・伍茲（Geoff Woods），「聚焦一件事」（The ONE Thing）副總裁、「學員播客」（The Mentee Podcast）創始人、企業家

「有信仰、誠實、正直，這就是我喜歡賈斯汀的理由。」

—— 克林特・巴克盧（Clint Buckelew），巴克盧房地產（Buckelew Realty）經紀人

「當賈斯汀選擇做某件事的時候，你可以相信這是經過

深思熟慮後的行動，因為他已經思考過如何達到最佳結果。
如果你有機會和賈斯汀一起工作，或是向他學習，你將會成
為更棒的人！」

　　—— 布拉德・魏默特（Brad Weimert），房地產與商業
投資人、企業家、「輕鬆支付」（Easy Pay Direct）創始人

　　「現在，你可以在環遊世界的同時，也獲得被動收入、
長期股權、財務自由，並且充分享受家庭生活、感覺滿足。
本書教會我們如何實現夢想。沒有人比賈斯汀更有自覺、更
具經驗，並且更樂於分享這些知識。這本書，是他為自己的
女兒薩凡納所寫，內容淺顯易懂，可以讓你非常容易就學習
到他聰明的理財策略。我完全信任賈斯汀，很感激能生活在
有他的世界裡！」

　　—— 安珀・維爾豪爾（Amber Vilhauer），
NGNG Enterprises, Inc. 負責人

　　「他給我的建議，一直都很有幫助；他的一些建議，我
以前從未聽過。當我與優秀人士分享時，他們似乎也從未聽
過，並且對他的這些建議留下深刻印象。我已經應用他的一
些建議，並且獲得了很好的結果。」

　　—— 艾米・穆勒（Aimee Mueller），

生活教練、amieemueller.com 的勵志演說家

「賈斯汀是我見過最好學、最具好奇心的人之一。我們是朋友，可以討論一些引人入勝且發人深省的話題。也因為同樣身為投資人，所以這些特點會體現在嚴謹分析與盡責調查等方面，往往同樣深入且廣泛。」

——G·班塔耶胡（G. Bantayehu），華盛頓特區班塔耶湖開發公司（Bantayehu Development）房地產開發商

「賈斯汀親自幫助我，成功從職業生涯轉變身分成為全職投資人。他在許多領域擁有的豐富產業知識，可以引進專家、分析各種交易，並且完成令人難以置信的交易流程，也因此造就了他的與眾不同。」

——瑞安·凱西（Ryan Casey），投資人、業務員、商業顧問、核心價值指數（Core Values Index）認證從業人員

「賈斯汀非常聰慧、精明，對創業與投資理財具有非凡的見解！無論是分析潛在的交易，還是擔任戰略商業決策的參謀，賈斯汀都能提供令人難以置信的價值。」

——尼克·納賈爾（Nick Najjar），企業家和投資人

「賈斯汀改變我的人生方向！如果沒有他的策略，我至少需要 10 年才有機會可能實現財務獨立。我的家庭現在正享受豐富的生活，每個月都擁有固定可預測的現金流。」

—— 亞當‧索別斯基（Adam Sobieski），投資人

「遇到財務問題時，賈斯汀是我願意求助的少數對象之一。他願意分享自己的所知，並且渴望看到其他人在財富與自由中成長。我會仰賴賈斯汀的財務建議。」

—— 布倫特‧林德伯格（Brent Lindbergh），企業家、
Fuseneo 設計公司創始人

「賈斯汀對生命的熱愛，是很有傳染力的！無論是在分享自己對食物與旅行的熱情、如何與配偶和孩子保持良好關係，還是在描繪投資個人與自己的未來價值，他的每一次談話都會為我帶來振奮與活力！我之所以喜歡、欣賞賈斯汀，是因為他不僅熱切的讓你參與這些話題，同時分享執行計畫，可以結合自己的激情、夢想，以及實現所需的步驟。我鼓勵大家仔細研究他所採用的方法！這麼一來，關於你是誰、想完成什麼、如何達到目標的計畫，你都會更深入理解。」

—— 布來恩‧雷姆（Brian Rhame），顧問

「本書改變了遊戲規則！它顛覆了我們習以為常的所有投資前提，然後在非傳統的方面加倍下注！這是非常實際的策略。大家常認為投資的獲利契機隱晦難尋，然而這本書卻幫助你揭開過去數十年來籠罩投資領域的神祕面紗。如果不讀這本書，就會錯過投資工具箱裡的關鍵工具。」

—— 達柳斯・米爾沙扎德（Darius Mirshahzadeh），

美國暢銷書《核心價值方程式》（*The Core Value Equation*）

作者、投資人、連續創立多間公司的創業家

推薦序
擺脫「努力賺錢」，用錢滾錢生財

—— 萊恩·利韋斯克，暢銷書作者

2019 年 3 月 23 日，這天的一場對話改變了我的人生。

談話的對象，是一位名叫賈斯汀·唐納德的人。午餐時，他在我耳邊輕聲說的一句話讓我終生難忘，從此一切都改變了！這句話，讓我踏上改變生活的旅程，改變的方法是我無法想像的，改變的速度遠比我想像中快得多。

如果你仔細閱讀這本書，這些也會適用於你。讓我解釋一下。

首先，如果你和大多數正在讀這篇文章的人一樣，你可能會夢想著藉由每個月所產生的足夠被動收入，來支付生活費用（甚至還有餘裕），進而實現財務獨立。換句話說，就是不再需要工作。也可能正在工作，賺到不錯的收入，或是擁有一份很賺錢的事業，但是必須投入很多時間經營。

第二種情況，和我第一次見到賈斯汀時一樣。2019 年 3 月 23 日週六，我正在德州奧斯汀參加靜修會一個名為「前

排爸爸」的團體（我最近才加入）。這個團隊很棒！致力讓成員成為更好的父親、丈夫、居家男人。我第一次遇見賈斯汀，就是在那個靜修會的活動現場。

那天早上第一次見面後，賈斯汀和我決定一起午餐，而且就只有我們兩個人。我們談到為人父親與家庭的話題，談話最後免不了問到：「那麼，你是做什麼工作的？」

賈斯汀示意我靠近一點……「我是樂享生活理財族。」他低聲說道。

我環顧四周，確保沒有人在偷聽，像是在進行祕密對話。「樂享生活理財族？這到底是什麼意思？」我問。

於是，他與我分享自己的故事，以及如何在 30 多歲時就達成完全財務自由的目標。並且告訴我，如何在沒有繼承巨額遺產的情況下，採用非傳統的方法聚焦在現金流投資，進而實現這個目標的過程。

「等等！你是說，收入全都來自被動投資？」我一臉疑惑問他，「所以像我這樣的人，該如何開始呢？」

「好的，如果你有興趣，我很樂意與你分享。」他回答，「你還有多少時間呢？」

現在，在我繼續走得更遠之前，我必須先回顧一個片刻。你知道，我在 30 多歲的時候認識了賈斯汀，過去的 10 年內，我花了大部分的時間，創建了一家價值數百萬美元的

成功企業。我出生在藍領階級的家庭環境，是家裡第一個上大學的人。畢業後，我找到了一份年薪 4.2 萬美元的工作，幾年後，我成立一間公司，每年賺進六位數的收入。

最後，我和妻子從 14 多坪的公寓裡，拿出 5,000 美元的積蓄，創立了年收入超過 1,000 萬美元的事業。雖然，我把為別人工作換成了為自己工作，但是我和妻子仍在工作，我們一直還在努力工作。

當然，我們的生活有了更多的掌控權、更多的自由，以及更多的收入。**我們擁有良好的理財習慣，並且量入為出、努力工作、繼續再為未來存錢……。但是，最終我們仍然是在努力工作賺錢。**

我們無法運用「錢滾錢」的方法來生財。

兩個兒子誕生後，他們的成長速度比我們想像中更快！我們希望可以完全藉由每個月所產生的被動收入，來支付所有生活費，這麼一來，我們就可以休假，擁有更多的時間全家人在一起，環遊世界、共同創造與工作無關的回憶，這是我們渴望的目標。

但是，這感覺就像是在做白日夢。依我們的情況，像我們這樣的人是不可能達成的，至少在當時是不可能的，也許幾年後有機會，但是當時的環境並不允許。

隨著賈斯汀鉅細靡遺描述自己的故事，並且分享過程中

的作為與細節，我開始在腦海裡計算著數字，奇怪的是，我開始感覺這是辦得到的。**這並不需要利用低成本指數基金，在許多資產類別中建立高度分散風險的投資組合，然後等待幾十年的複利來發揮作用，也不必爭先恐後將所有籌碼投入最新的首次公開募股（Initial Public Offering, IPO）或最熱門的科技股。事實上，這與投資股票市場或任何公開資本市場幾乎毫無關係。**

我 20 歲時，賈斯汀就已經在高盛投資銀行工作，他的投資理財方法與傳統不同。但是在此同時，他的方法也完全說得通。

那天午餐快結束時，賈斯汀對我提出了一個問題，就像一記猛擊在我肚子上。他說：「孩子的成長速度會快到你無法想像。你現在就可以擁有自己想要的生活方式，可以享受當下生命中最美好的時光，為什麼還要等呢？」

他是對的。

談話結束後，我的人生有了新的目標、有了新的使命感、有了想要立即採取行動的緊迫感。我決定盡自己所能向賈斯汀學習，並且根據我所學到的，付諸行動執行。

就在那次關鍵性的午餐幾個月前，我和妻子坐下來一起設定了我們的 5 年財務目標。結婚以來，我們幾乎每年都會這麼做，我們會設定積極的財務目標，在未來 5 年內創造足

夠的被動收入，來支付家裡的所有開銷。換句話說，這是我們「希望未來能實現」的大目標。我不確定我們是否都相信這是可能實現的。

時間很快就到了 2019 年 3 月。在我決定向賈斯汀學習一切，並且朝向我們的目標前進。採取積極行動後不到半年，我們就已經實現了 5 年計畫裡每個月被動收入目標的 53％！

我要再說一次：「在賈斯汀的幫助下，我們在不到半年的時間裡，就已經實現了半數以上的 5 年期財務目標。」

我說的是每個月數萬美元，這是透過 100％的被動收入所產生的真實現金流（雖然在撰寫這篇文章時感覺很瘋狂，但是我預計未來 12 ～ 14 個月內，甚至更快，就能超越原定計畫 5 年達成每個月被動收入目標的 100％）。我們只是簡單遵循了賈斯汀的現金流投資十金律。

我們的做法，是針對許多賈斯汀揭示在本書裡的交易做投資。對於賈斯汀分享的一切，我們也都會大量的筆記下來，並且非常密切的關注。

賈斯汀寫道：「這沒有你想像中那麼困難，也不像你所想的要花很多錢。」他說的沒錯！但是這確實需要正確的聚焦與策略。最重要的是，你還需要正確的導師。

如果我在事業與生活學到了一件事，那麼這件事我可以把它稱作「成功祕訣」，歸納總結為以下 3 個簡單步驟。當

你的生活或事業有個領域需要改進時，可以這麼做：

步驟一：找導師。找一位「做了你想做的事」的人。
步驟二：投入所需。向導師學習你能學到的一切。
步驟三：努力成為導師的頭號學生。

就是這麼簡單！

對我而言，在我生活的這個特殊領域裡，賈斯汀是我的導師。我從他身上學到的方法，永遠改變了我們家人的生活，讓我永遠心存感激！因為這樣，最後我要清楚的說一句：「請你好好閱讀這本書！」請你研究賈斯汀分享的所有方法！最重要的，還要把讀到的知識付諸實踐！

下次當你去吃午餐時，如果有人問你這個問題：「你是做什麼工作的？」也許你也可以用這個改變人生的相同答案回答他：「我是樂享生活理財族。」

推薦序
從被忽略的細節，找到賺錢機會

—— 邁克・克尼格斯（Mike Koenigs），企業家

　　如果你可以睡到自然醒、隨心所欲做自己想做的事，並且有充裕的錢足以支應所有開銷，可以隨時隨地說走就走去旅行，知道自己可以擁有很奇妙的生活方式，並且可以送孩子去讀最好的學校、穿最漂亮的衣服、開最喜歡的車、住在你一直想要的房子和社區裡，而且不必擔心會把錢花完。如果你不需要有固定的工作就能做到這些並且擁有一切，你覺得如何呢？

　　對大多數人而言，這聽起來像是不可能的事。然而，你即將遇見的是一位現金流投資大師，可以為你帶來被動收入和財務獨立，他就是賈斯汀。

　　賈斯汀是個言行一致的人！只要讀了金律一「生活擺第一」，不管身處在什麼樣的投資環境，都會強烈的意識到沒有什麼是不可能的。最重要的是，**你很快就可以學會如何投資，不需要等到有錢才能投資。**

　　許多年前，我在南太平洋中心的斐濟島（The Republic of Fiji）遇到賈斯汀，第一眼就對他產生了興趣！他看起來就像是個專業的會計人員或執業會計師。經過了解，我發現他非常聰明並具有創造力，過著我夢寐以求的生活，並且還是在極短的時間內，從無到有建立起這一切。他擁有自己的價值觀、紀律嚴明、不自負，而且討人喜歡。

　　在認識賈斯汀之前，我是個蠢笨的投資人，卻絲毫沒有自覺。我投資了一些股票、共同基金，還有一堆20年前的創業公司。不幸的是，這些幾乎都是股權投資（Equity Investment）*，而且我想不起來其中有哪些公司已經被清算了。換句話說，我一直在為一群人提供無息貸款，卻沒有未來業績或利潤的保證。真是蠢到家了！我成功創立多家企業，30多年來賺進大量資產，但是卻對如何利用這些資產所知甚少。

　　在與賈斯汀進行一次大約20分鐘的簡單對話後，他向我介紹一些概念（這些概念都在這本書裡），讓我重新思考未來的投資方法。內容包括確保我每個月或每季都能產生現金流、獲得股權、談判紅利，以及如何談判他所謂的邊車

---

* 為了參與或控制公司的經營活動，而投資購買該公司股權的行為。

協議（Sidecar Agreement）[*]，為投資帶來更好的報酬、更快回本，進而利用現有的投資或保單，再為新的投資提供資金等。

除此之外，他還提供了一些有趣、完全合法的方法，來創造巨額的稅賦優惠，並且也分享了一些最有趣的方式，來選擇潛在的機會和交易。對於大多數的投資人而言，永遠都想不到這些。

如果說人生有什麼遺憾，就是我沒有更早遇見賈斯汀。因為我對投資和金錢的看法，在那幾分鐘就已經產生改變。

在這本書裡，賈斯汀分享了自己的獨特策略，可以在**不需要投資或承擔更多風險的情況下賺進更多錢。他的作法是堆疊自己的被動投資系統，並且培養獨特的心態，找出通常會被傳統投資人完全忽視，但卻又無與倫比的絕佳機會**。他會向你展示如何利用自己的資源和資產，建立獨特的投資組合，帶來每個月或每季都會有的固定收入，可以建立和增加資產。你還會了解，優秀投資人與傑出投資人之間的區別，就在於心態的不同。

賈斯汀在短短幾年內，利用本書中的策略，把自己的淨資產提高到數千萬美元。如果你對於賈斯汀這個人、對於他的理財方法與性格是否真實存有任何疑問，請造訪他的網站

---

* 預先談判好的合約或協議，除了原有合約內容，投資人可以獲得更好的條件。

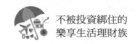
用心聆聽、觀看，並且閱讀體驗過他的系統實際效果的人的
評價。你很快就會明白並認同，賈斯汀是個了不起的導師和
顧問！很多人不想花 10 年以上的時間、冒著損失數百萬美
元的風險去完成的事，他在很短的時間內就已經達成了。

　　簡言之，賈斯汀有一套投資理財和賺錢的系統，無論
你的投資理財資歷如何，都能幫助你一氣呵成達成目標。如
果有機會和賈斯汀直接合作，那就去做吧！雖然各種投資機
會，以及那些想和他一起學習的專業人士，已經讓他忙得不
可開交，但他從不因此犧牲自己的生活或家庭。

　　要想成為樂享生活理財族的佼佼者，最快的方法就是向
「正在做這件事」的人學習。賈斯汀就是你要找的榜樣！好
好閱讀本書，並且記得造訪他的網站，看看所提供的免費影
片和資源。

前言
贖回被工作與投資綁住的時間

> 生活中，我最喜歡的東西並不需要花錢購買。很明顯的，
> 我們所擁有最珍貴的資源就是時間。
>
> —— 史蒂夫·賈伯斯（Steve Jobs），蘋果（Apple）公司創辦人

歡迎來到我的世界！這本書，涵蓋了我個人如何投資理財的最重要概念。我這麼做的目的很簡單，就是希望你也能成為樂享生活理財族。這本書即將帶你展開旅程，實現財務獨立與夢想生活。

我會開始投資理財，是因為厭倦了用自己的時間換取金錢。直到我明白，有方法可以不必耗費時間就能賺錢，我便產生了興趣。隨著我繼續研究並了解更多，我發現有一群人正過著我想要的生活。我心想，為什麼要花這麼多的時間工作，來為自己和家人賺取生活費呢？

我想透過自己付出的時間與賺取的收入，來獲得財務獨立。打從一開始，我就渴望可以隨心所欲的與家人和朋友相處，過我們想要的生活，這些對我很重要。最重要的是，

我想要贖回屬於自己的時間！我想花時間和我所愛的人在一起，做些對我們來說有趣又有意義的事情，也就是享受當下的生活（而非只是未來的某一天）、關照自己的健康、擁有富足的心態、慷慨付出。直到成為樂享生活理財族，我所取得的成就已經讓我實現這一切，甚至更多。

撰寫這本書的目的，是為了付出和回饋。我希望分享自己的經驗，以及過程中學到的教訓，讓讀者也可以實現自己想要的生活。我的願望是回饋社會、慷慨幫助需要的人，因此我將把這本書的所有收益捐給慈善機構，幫助他人改善最基本的生活水準。

《創業家》（Entrepreneur）雜誌裡旳一篇報導，稱我為「投資界新一代的華倫‧巴菲特（Warren Buffett）」，讓我意識到自己在教導、專家、活動、策劃、旅行等方面，投入了許多時間、金錢、精力等，來學習打造工具箱的策略與架構。也就是在那個時候，我開始專注於幫助別人實現財務獨立。

我的第一步，是為投資人、高階主管、企業家提供私人輔導。我成立獅子網絡（Lions Network）私人教練小組的其中一個理由，是因為每當我在分享自己的財務獨立願景時，常常會聽到對方表示：「我也想達成這樣的目標！」後來，因為人們對我的輔導服務需求，已經超過了我願意在一年裡

輔導的人數，所以我的下一步，就是創立「樂享生活理財族策劃人」（Lifestyle Investor Mastermind）。這個團體為志同道合的人，提供了指導與互動。透過我的獅子網絡私人教練計畫，以及我的「樂享生活理財族策劃人」，我也已經學習並彙編了能與客戶產生共鳴的策略、哲學、概念。

我向我的私人客戶收取費用，他們可以和我進行一對一的諮詢，我也會教他們如何在最快的時間內，學會樂享生活理財族的原則與金律。我的目標是讓我的客戶可以快速產生現金流，並且避開可能的挫敗。

教導他們的時候，我也會向客戶介紹我所接觸到的交易。我教他們，如何談判有利的條件、立刻開始產生現金流，並且帶來整體豐厚的報酬。我教他們，如何以最小的風險達成這個目標、如何做到這一切，這麼一來就不必像我這樣，得用上 20 年時間，才能理解並實踐這些原則與金律。本書中也包含了許多相同的策略和概念。

任何人都可以樂享生活

這本書可以幫你藉由現金流投資，找到自己的財務獨立之路。這是我以前學習和指導的成果。如果你遵循這本書裡

的指導方針，就可以像我一樣達到這樣的目標。我把這本書取名為《不被投資綁住的樂享生活理財族》，可以引發所有人的共鳴，因為每個人都想壓縮時間，也都希望財務獨立。

想把自己的時間拿回來，最快的方法就是投資聰明的教練和顧問，他們可以把 20 年的知識和經驗濃縮成為 3 個月、6 個月、12 個月的學習精華。閱讀這本書，會是你人生旅途中重要的一步！

如果你願意接受指導，願意為自己和家人敞開胸懷、開拓未來，那麼你就可以在正確的位置、正確的時間，接收到正確的指導。

如何使用這本書

這本書的第一部分，包含了我是誰，以及為什麼你可以考慮成為樂享生活理財族的相關背景資訊。我會討論樂享生活理財族所需要的核心原則，並且解開最常見的財務迷思，幫助你重新構建正確的心態。最後，你會發現樂享生活投資理財的墨菲定律（Murphy's Law）*。你必須注意這些定律。

在第二部分，你會學到樂享生活理財族的十條金律。每一條金律，我都提供了自己的真實交易案例。首先，我會向

你解釋這筆交易，好讓你可以看到其中的機會，並且明白我為什麼要做這筆交易。接著你會學到一些背景知識，了解為什麼我認為這筆交易值得投資。為了幫助你更加掌握現金流投資的概念，我在每一條金律的結尾都討論了成長心態、交易結構、篩選過濾，以及談判商議。最後，透過交易回顧做總結，方便你將本章的原則應用到自己的現金流投資。

第三部分，告訴你如何展開旅程、你的下一步是什麼，以及為什麼要這麼做。這些都會從我最後的想法開始延伸。

在這本書，你會學到投資與財務術語。儘管內文或隨頁註釋已經對大多數的術語做了簡短的描述，你還是可以透過書末的詞彙表，找到更深入的定義。

這本書集結了我的輔導、教育、研究等廣泛投資經驗裡的策略，參考書籍也包含許多可靠的來源資訊。我希望，你會花時間來學習這些有價值的工具。

我建議你在閱讀和消化這本書中的概念與資訊時，來回的反覆閱讀。對我而言，它們代表著我一生所學的知識，我不指望你們從頭讀到尾就能掌握全部的內容。

你準備好要展開財務獨立之旅了嗎？

---

* 做某件事如果有兩種或兩種以上的方式，而且其中一種方式將導致災難，那麼必定有人會做這個選擇，也就是諺語所說的，「任何可能出錯的事情都會出錯。」

PART 1

讓你投資的每一塊錢
都能回本

第 1 章
我是誰，為什麼你要聽我的？

> 「你必須學習遊戲規則，並且玩得比別人更好。」
> ——阿爾伯特‧愛因斯坦（Albert Einstein），物理學家

　　人們應該重視擁有世界級投資技巧的人，並且花時間向他們學習。對於聰明的投資人，以及擁有不同見解的人們，我會讀他們寫的書、聽他們的播客，透過這樣的方式來學習。身為樂享生活理財族，我有義務關注我的老師，並且努力讓自己成為他們的得意門生。

　　學習是我成功的主要關鍵之一。我已經為自己的學習投資了將近 100 萬美元，參加訓練營和研討會，向教練、私人顧問團隊，以及產業專家學習。為了掌握所有投資領域，我研究房地產、私募股權（Private Equity）、公募股權（Public Equity）、債權（特別是優先擔保債券）、不良資產、營運公司、特許經營權、電子商務（Electronic Commerce）、科技、聯合貸款（Syndication）*、基金、權

---

* 聯合許多投資人，一起整合技術、資源、資金，來購買並管理原本無法獨力負擔的資產。

利金、收藏品、加密貨幣等。

簡言之，我希望全面掌握所有技術和知識，並且對自己的篩選原則、選擇投資交易的標準，進行壓力測試（Stress-test）[*]。

投資初期，我並不清楚自己的原則，只是主觀的看待各筆交易（憑感覺判斷這筆交易是否合理或正確）。經過許多年學習，並且分析自己的投資選擇，我開始建立明確標準，來簡化潛意識裡一貫做決策的方法。

家庭教育樹立正直價值觀

我出生在藍領階級的家庭，父母親都是虔誠的基督教徒，他們所樹立的誠實和正直等價值觀，不僅為我的成長奠定良好基礎，同時也建立我一生恪守的行為準則。

母親是一名全職秘書，在我們參加禮拜的教堂已經任職20 多年了，年薪大約 2.7 萬～ 3 萬美元。她非常健談，總是為別人著想，同時也教育我如何建立良好的人際關係、維持

---

* 在主觀想象的極端市場情況下，測試金融系統或資產組合對關鍵市場變因突然改變時的壓力耐受程度。

彼此密不可分的連結，並且正向解決衝突。

父親在我年少時開始從事汽車和電器的銷售工作；他的工作時間很長，經常從早上 7:00 工作到晚上 9:00，每週工作 6 天，只有偶爾例外。父親希望我擁有更好的生活，不要像他這樣辛苦工作，我在他身上學到寶貴的工作經驗，不只是他的榜樣引領我走向成功康莊大道，職業道德更是我畢生仿效的楷模。

父親也教導我如何設定目標，他會與我分享這些規畫，告訴我目標設定和實現的要領，如何破釜沉舟擬定戰略行動。我見證父親為了實現目標而努力工作，藉由設定月目標的方式，來鞭策自己達標並賺取獎金。

其他家庭成員的價值觀也影響我。弟弟 18 歲投身軍旅，7 年內榮耀代表國家執行多次海外任務。關於心態與紀律和勇氣，這些年來我在他身上學到很多。

業務工作磨練出銷售真實力

七年級的時候，我曾經開口向父母要錢。他們回答我，「你必須工作自食其力，而不是當我們是你的經濟來源。」於是，我開始挨家挨戶推銷報紙訂閱。由於這份工作與父親

工作的薪酬制度雷同，同樣都是約定銷售額達標後才可以獲得獎金，因此我會將總目標拆解成每天的工作進度，並且努力達成。

對銷售人員而言，「被拒絕」是必經的過程，每個接受的答覆背後，都累積了許多次的拒絕。我也不例外，同樣也經歷過這段歷程。漸漸地，我對「不」這個詞免疫了！不再認為是對個人的否定。不久後我成為頂尖銷售人員，並且持續到高中畢業。回想當年，我每天晚上工作 4 ～ 5 小時，每週工作 3 ～ 4 天，每週收入大約 250 ～ 500 美元。這樣的收入對當時的我已經足夠，可以享受旅行、娛樂，以及與朋友聚會的歡樂時光。

為了解答大家對我的收入好奇心，於是我招募朋友與我一起工作，邀請他們參與其中找答案。很快的我擁有了團隊，幫著我一起推銷訂閱報紙，並且從中體會領導的學問。剛開始真的不容易，而且也不是所有人都是「天生的」業務人才，一段時間過後，我才終於學會如何僱用肯努力工作又具有真本事的人，進而將這些人組成我的團隊，並且領導他們。

由於我的銷售技巧非常成功，老闆便要求我把這些教戰守則寫下來，讓其他人效法。那是我最初的銷售教戰守則；我就是用這些方法來訓練所有的新成員，進而成為我的團隊

夥伴。在教戰守則裡，我會蒐集並整合一些重點特別強化，其中也包括那些為了賺取獎金所設定的銷售目標。每當我的團隊開始運用這些銷售語言與教戰守則，我就會面臨更多競爭，因為大家的銷量額又增加了。即便如此，大多數時候我還是可以找到方法賣得比他們更好。

休閒生活培養競爭動力

無論是休閒活動或工作，我都非常具有競爭力，其中最大的鼓舞，就是想完成自己從未做過的事，這樣的渴望遠勝於金錢或其他外在獎勵。也因為好奇心，驅使我敞開心胸學習。我喜歡設定好目標，盡最大努力去達成的感覺。

> **樂享生活理財族**
>
> 好奇心至為關鍵，可以讓人敞開心胸學習。

我最喜歡帶有策略性質的遊戲，而不是只憑運氣決定勝負，像是撲克牌遊戲的傷心小棧（hearts）、黑桃

（spades）、歐克里（euchre）、金拉米（gin rummy）、二十一點（blackjack）、撲克（poker）、凱納斯特（racehorse canasta），桌遊的妙探尋兇（Clue）、戰國風雲（Risk）、西洋陸軍棋（Stratego），以及電視遊樂器的迷宮熱潮（Maze Craze on Atari）、薩爾達傳說（Zelda）、瑪利歐系列（Mario Bros.）等。這些遊戲為我帶來競爭動力，同時讓我在工作上擁有競爭優勢。

各種競技運動同樣也會激起我的成功渴望，並且想要盡最大努力取得好成績。6、7 歲時，我幾乎參與過所有組織聯賽的青少年運動，以棒球和足球為主，也曾經打過多次排球和籃球。由於想要精通各項運動，所以對於那些自己不擅長的運動項目，我總會堅持到底，努力不懈學習、理解，並且反覆練習，直到完全精通取得成功為止。

我喜歡團隊情誼，但是討厭失敗。年輕時印象最深刻的痛苦回憶是，每當棒球比賽被三振出局時，我都會噙著淚水回到球員休息區。起初，我還不知道自己為什麼難過，最後才明白感覺自己拖垮團隊，我壓根不想這樣。

為自己和家人創建自由的生活

如今的我，已經為人丈夫與父親。自從與妻子共組家庭，我就不再汲汲營營於賺錢；因為我想參與女兒生命裡的每個重要時刻，包括她的每一場比賽、每一場音樂獨奏會，以及每一次重要活動，所以在她還小的時候，我就選擇了不會影響彼此關係的工作模式。我在乎可以為自己與家人創造彼此都自由的生活方式，並且也實現了這樣的生活。

大約在 40 歲生日前兩年，我的投資已經能為自己和妻子帶來足夠的被動收入；即使我們辭去工作，也不必煩惱生活。當時的我與 100 多家公司生意往來，淨資產增加到八位數以上，接著不到兩年又建立以家庭為中心的生活方式，淨資產再次翻倍。

樂享生活理財族

該工作的時候努力工作，但是不要犧牲關係作為代價。

每個人都可以實現樂享生活投資理財

現在，我已經掌握了低風險現金流的投資原則，並且將這些經驗和策略與世界各地的企業家和高階主管分享。書中我所分享的原則，主要是針對在日常工作以外所創造出來的被動收入與可觀財富。

樂享生活投資理財不是空談！我確實做到了，許多朋友和客戶也都做到了。我將這套淺顯易懂，並且適用各種投資資歷的投資與賺錢系統與你分享，希望大家都可以按圖索驥找到實現的方法。

第 2 章
找到財務獨立之路

「爸爸鼓勵我們不要害怕面對失敗。因此,在我小時候就
已經調整好心態,明白失敗不是結果,而是不願意嘗試。」

―― 莎拉‧布蕾克莉（Sara Blakely），

美國塑身內衣 Spanx 創辦人

這些年來,我一直在研究人們的心態,想要知道他們所
作所為的動機,以及對生活的渴望。由於我明白自己想要的
生活,所以更加可以確定別人要的不一定也適合我。這點很
重要！因為只要清楚自己的期待並堅定立場,個人理財就會
更像玩遊戲般輕鬆隨興,可以放手一搏！

**想要成為樂享生活理財族,並且發展出一套成功的現金
流投資生活方式,得先勾勒自己的生活藍圖,問問自己對生
活的期待是什麼？為什麼想要擁有這些？**思考回答這些問題
的答案同時也是在做準備,因為接下來即將通過 3 個階段後
實現財務獨立。

三階段實現財務獨立

財務獨立有不同階段。每個階段都很重要，可以培養投資理財的動力，創造想要的生活。

第一階段：支付最基本生活開銷。
第二階段：維持目前的生活方式。
第三階段：過著夢寐以求的生活。

如何通過這些階段？取決於你！本書是在闡述，樂享生活理財族應該如何作為。

第一階段和第二階段，是勞動者每天的基本日常。然而在進入第三階段時，必須面對、評估自己的心態，因為這會限制對投資的看法、對金錢價值的定義，以及金錢對生活的影響程度。**在第三階段，生活基礎是建立在每個月的現金流，而不是年度現金流**。財務獨立可以讓我們停止再做那些自己不想做的事，選擇做自己想做的事。

你可以規畫想要的生活，並且按照這樣的方式過生活。雖然金錢無法解決所有問題，但是可以解決財務問題。

一旦進入這個階段，將會根據自己規畫的方式生活，經歷徹底的轉變。心態也會從匱乏轉變為富足，意識到金錢

是實現目標的工具，從此不再錙銖必較。在這個階段就會明白，匱乏的心態並非好事，擁有富足的心態反而更有意義。

樂享生活理財族

美國勵志作家偉恩・戴爾（Wayne Dyer）曾說：「如果改變看待事物的方式，那麼所看待的事物也會改變。」

仰賴現金流投資生活

許多人投資企業，事實上不過是為別人提供一筆沒有期限的零利率貸款。這些人購買股票作為交換條件，相信未來會拿回自己的錢。然而，除非可以充分理解交易結構，並且做出明智的協商與談判，否則這不是投資，反而更像是賭博，不過是擲骰子來決定結果罷了！

這種投資方式也許適合你，但是像這樣**無法事先實現財務獨立的投資沒有意義，因為預期的報酬太低，未來 10 ～ 20 年根本看不到結果**。反觀我的投資結構，更重要的部分是為了產生現金流，不只希望投資本金獲得報酬，還希望可

以從中獲取現金，並且愈快愈好。

樂享生活理財族

> 多數人對金錢的觀念是錯誤的。要不就是對金錢感覺矛盾，同時自己也意識到這樣的衝突；要不就是對金錢存在矛盾，但卻始終沒有察覺。

所謂的現金流投資，是指某種形式的現金定期流入，無論是每個月、每一季，或是特定期間，可以透過這樣的金錢流入賴以維生。就被動收入的觀點而言，**這些金錢不是靠工作賺來的，而是藉由資產或其他金錢運轉而來，你或其他人幾乎不需要為此付出時間。**

我的目標，是第一個月的現金流。對某些投資而言，這樣目標是不切實際的，因為第一次現金發放到手，可能需要等待一季，甚至更長的時間。但是對投資新手而言，最理想的投資是可以立即拿到一定的現金流。

我會評估交易具體內容與投資擔保程度，根據每一筆投資本金的保障與安全性，來決定投資的最終目標。這部分往往取決於，我在投資期間利用這筆本金所賺的錢，如果報酬

高，也許我會讓本金留在投資裡較長的時間，因為這代表我投入的金錢可以賺到很好的報酬。然而多數時候即使拿回最初本金，權益部位還是維持不變，所以我會希望盡快取回本金再做其他投資。

對我而言，**最理想的情況是在一兩年內收回本金**，就算某些房地產投資無法這麼快回本，仍然有可能在 3 年內回收本金。這樣的時間我可以接受，但是除此之外我很少會再持有更長時間。房地產與債權是我最喜歡的投資，先在這裡簡單介紹，後續再做更詳細說明。

透過房地產，賺取長期權益與優先報酬

投資房地產時，標的位置與投資結構很重要。位置好的投資標的可以降低風險，如果某城鎮只有一名主要的企業主，應該也不會有人想在那裡投資，因為萬一他破產，整個城鎮也會跟著遭殃。這麼一來，附近的房價就會變得一文不值，不僅難以出租，也更難出售。

就標的位置而言，我比較喜歡投資人口眾多、經濟快速成長的大城市，並且留意影響這個城市高入住率的關鍵性指標，例如這個投資市場有許多企業主進駐、有健全的醫療照

護機構、有完善的教育計畫與大學。

　　投資結構也很重要，得先找出能帶來許多報酬的交易。例如，投資一些在房市表現不錯，並且受相同市場力量影響的特定類別房地產，來製造機會賺取長期權益，以及現有現金流的優先報酬。因為「優先報酬」是負責日常營運的合夥人拿到任何利潤之前，就必須先支付的利潤分配，能讓投資人馬上取得現金流。

　　此外，應該投資可以很快收回本金的資產，並且維持相同的權益部位。**這種可以立刻拿到現金流、很快收回本金的投資，可以讓投資人繼續進行其他投資計畫、創造更多權益部位，並且同時取得其他現金流來源。**

談判參與條件，免費取得額外福利

　　我非常喜歡有附帶條件作為擔保的債權投資，因為它們會支付高額利息，創造每個月的現金流。通常這類投資，可以討價還價取得參與條件（Kicker）[*]；這些參與條件是交易過程中談判的額外福利，通常可以免費取得。以下是一些額外福利的參與條件：

---

* 債權義務裡，所附加的權利或權證等內容。

- **權益（Equity）**：某資產所有權的百分比
- **認股權證（Warrant）**：未來以約定價格購買股票的權利
- **收入份額（Revenue Share）**：總收入的分配百分比
- **利潤權益（Profits Interest）**：以公司未來價值做基礎的權益

　　有許多方法可以創造參與條件。我喜歡靈活運用，在過程中保有彈性，開發最適合我和家人的想法。一開始，這些參與條件似乎就只是小福利，但是一段時間過後，隨著不斷加進更多參與條件時，就會產生複合效應。如果選擇使用參與條件，那麼投資人就可以在每一筆投資取回所有投入資金，同時繼續保有資格參與公司或投資標的長期成長。最棒的是，這些參與條件不必付出額外成本。

　　這些步驟可以幫助投資人審視自己的心態，並且做出明智的投資抉擇，找到方法實現財務獨立。

第 3 章
投資理財的原則與標準

> 成功人生的首要原則是：「做正確的事，而不是簡單容易的事。在每個抉擇當下，選擇做正確的事，而不是容易的事。如此一來，你必然會成功。」
>
> ——哈爾·埃爾羅德（Hal Elrod），美國作家

有四項核心原則指導著我的投資。這本書的第二部分將以這些原則為基礎，逐一解釋十條金律，並且具體解說每一條金律的實務應用。在此，我想簡單介紹每一項原則，以及每一條金律。

原則一：成長心態

每一個人都可以做到的最好投資，就是投資自己的心態與個人的成長。沒有人可以奪走屬於我們的知識和教育。包括股神華倫·巴菲特、價值投資之父班傑明·葛拉

49

漢（Benjamin Graham）、橋水避險基金創辦人雷‧達里歐
（Ray Dalio）、富蘭克林坦伯頓基金集團創辦人約翰‧坦
伯頓（John Templeton）、索羅斯基金管理公司創辦人喬
治‧索羅斯（George Soros），以及指數基金之父約翰‧柏
格（John Bogle）等人，都是因為主宰了自己的思想、克服
了內心的恐懼，而成為當代不可思議的人物。對你而言也是
如此。

　　我在進修教育投注大量資金、每年閱讀 100 多本書，因
為最重要的投資就是不間斷的學習與個人成長。心態會影響
我的投資抉擇。

原則二：交易結構

　　你想知道，如何在零風險的情況下，讓自己的投資報酬
率翻倍嗎？方法就是學習安排一筆更好的交易。結構是指合
約中具體投資條款之間的關係。

　　我非常擅長處理交易結構。我的投資交易，幾乎每一
筆都要能產生可預測的、經常性的現金流。**理想的情況下，
這些交易必須要能產生現金流和權益，並且迅速收回本金。**
接下來的章節會詳細介紹「策略堆疊」（Strategy Stack），

透過結合多種非顯而易見的方法，來降低風險並獲取更大的報酬。

原則三：篩選過濾

如何快速確定這是一筆很棒的交易，或是可以從中覺察端倪，提醒你盡速避開呢？答案是過濾，也就是篩選、縮小投資機會與範圍的標準。使用過濾的方法來為投資做篩選，可以節省大量時間，並且提高效率。

我開發了複雜的過濾方法與決策樹，來確認眼前的投資機會是否符合自己的標準、是否應該採取行動。這些過濾方法經常幫助我發現潛在的交易，避免被過多資訊淹沒，並且擁有更多時間評估高品質的投資。

原則四：談判商議

談判是我的投資策略核心。**談判不見得就要「對抗」或「敵對」，畢竟所有機會都可以商議；因此，永遠不要認為投資意向書就是最終拍板定案的結果。**

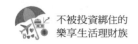
我透過談判獨特的優先條款，創造了至少 700 萬美元的額外淨資產。投資人和公司關注我的原因，是因為我經常藉由增加股票、認股權證、諮詢股票，以及其他各種交易條款來積累許多策略，藉此獲取更高報酬，同時降低費用與最低投資金額的限制。同時，也因為我的談判技巧、設定的談判目標，都是以對雙方彼此有利的條件為前提，所以許多曾經合作過的公司與投資集團，都會事前向我諮詢未來的投資建議。

十條金律

多年來，朋友們要求我寫書分享自己的投資原則、金律、策略與祕密。起初我不知道該寫什麼，但是回顧過去的所有交易後，我發現了自己的投資模式與標準。接下來的章節，我會在每條金律裡分享一個或多個投資範例，告訴你這些金律如何應用。

樂享生活投資理財十條金律

- 金律一：生活擺第一

  投資是創造被動收入，而不是花時間做生意而來。所謂的被動收入，是指睡覺或不工作時還可以賺進來的錢。

- 金律二：降低風險

  檢查交易結構，使風險最小化、收益最大化。

- 金律三：找出潛在交易機會

  關注新興市場，以及傳統以外的投資機會，包括那些新興科技，或是處於再造階段的公司。

- 金律四：盡快拿回本金

  你可以在一兩年內，收回投資的本金嗎？愈快收回投資的本金繼續再做投資，所獲得的投資複利就愈多。

- 金律五：立即創造現金流

  你可以透過談判，取得每月或每季的現金流嗎？擁有愈多現金流，愈能支持理想的生活，甚至可以用於額外的投資。

- 金律六：尋找收入擴大的方法

  協商取得優先條款或附帶協議，來增加潛在利潤。

- 金律七：優化交易

  透過調查優惠與條款來優化交易，藉此降低風險、提高報酬，

帶來長期價值。

- 金律八：去除不必要的費用
  無論是中間商、銀行，或是其他金融機構所產生的費用，都必須去除。

- 金律九：利用槓桿創造優勢
  投資績效不佳時，無追索權貸款（Non-Recourse Lending）*就是保護投資人的策略。有時候，付費與金融機構合作會帶來更多好處。

- 金律十：向專家學習
  如果聘僱專業人士幫忙（例如法律、稅賦、財務團隊等），就應該把握機會，透過向他們請教問題來教育自己，學習過去欠缺的知識，並且明白他們在做什麼，為什麼認為這麼做最好。

　　投資成功的最大關鍵之一，是擁有像十條金律這樣的標準，來指引投資決策，確保個人的所作所為是經過深思熟慮後的行動，而不是感情用事。如果投資人有這樣的標準，同時正在考慮的投資也都符合，形同擁有了很好的指標，顯示眼前的投資潛力無窮。

---

* 擔保貸款是以抵押品作為擔保的貸款。當借款人違約時，發行人可以沒收抵押品，但是不能對借款人要求進一步賠償。

　　我在書中列舉的多數投資範例都適用大部分的金律（即使沒有全部），而非只適用於範例以下所列舉的特定金律。關於這點我不會刻意點明，所以請務必查看每個投資範例，了解它們如何符合這十條金律。

第 4 章
「樂享生活投資理財」就是答案

> 「目標不是要賺更多錢,而是要按照自己的方式生活。」
> ——威爾・羅傑斯(Will Rogers),美國幽默作家

也許你的人生已經達到這樣的層次,意識到或承認富有與心態、行為、紀律、觀點密不可分,但是卻與口袋或銀行帳戶裡的錢無關。學習我的四大原則與十條金律,就可以前進下一個層次。

獲取自由的方法與目的

你讀這本書,很可能是想找尋獲取自由的方法與目的,可以不用工作的自由、不花時間換取金錢的自由,可以按照自己的方式生活的自由。想擁有更多選擇、更多能力,做自己想做的事。想自由決定,什麼時候想做什麼就做什麼、想怎麼做就怎麼做,而且不受任何限制。

　　想隨時放假，想放多久就放多久。想送孩子去讀最好的學校、想買最好的品牌和產品、想在世界各地旅行度假，想買禮物送給伴侶而且不需要在意價錢。也許更重要的是，你再也不想為財務提心吊膽，甚至是感覺匱乏。

　　自行創業的老闆想創造自由取回自己的時間，不必再為他人工作，卻可能無意間發現成了自己公司的奴隸，被綁在一個只夠支付開支、勉強維持生活現況的公司。是的，你是自己的老闆，但是你的公司卻可能讓你處於另一種工作模式的漫無止境競爭。難道這是品質比較好的競爭嗎？當然是！但終究是漫無止境的競爭，而且還會不斷榨乾你的時間，讓時間無聲無息的被偷走，甚至連自己也沒有察覺。

樂享生活理財族

如何成為一位投資人？把自己當作一塊海綿就是了。盡你所能學習所有事物，並且一天比一天做更多。

　　即使擁有自己的事業，同樣也會面臨現實生活中的問題，就像在別人的公司上班當員工。不幸的是，許多自行創業的老闆永遠也無法實現財務獨立的生活方式，就算實現

了，也不會長久。在此告訴你一個好消息：有方法可以買回你的時間，並且幫你支付帳單。一旦生活開銷有著落，你就可以好好經營自己的事業並照顧所愛的人。

擺脫一成不變的生活

上班族可能周旋在工作與生活之間，過著一成不變的日子，被不喜歡的工作或職業束縛卻無法掙脫，只是因為需要這份薪水。告訴你一個好消息，可以讓你用自己的方式生活，帶來熱情、能量、活力與元氣，不必日復一日重複同樣的生活，一早在天還沒亮的時候就被鬧鐘吵醒，辛苦的通勤去為別人工作，就只是為了一份不喜歡的工作賺錢餬口。

許多人每天都在為別人工作，而且替別人工作賺的錢，又遠比自己賺的更多。更糟糕的是還得心存感激，因為對方提供給你這個工作機會。工作和收入全都操控在別人的手中，自己無法做主，而且繳完稅、付清帳單後，剩下的才是真正擁有可以用來過生活的錢。我明白這一切，因為自己親身經歷過。只是多數人依然持續被這樣的謀生方式桎梏，並且深植內心成為習慣與日常。你可以改變現況，而且方法比想像中更簡單！

樂享生活理財族

個人的日常支出，其實並非想像中那麼多。

如果你擁有熱愛的工作、和老闆的關係良好，並且擁有 401(k)*這樣豐厚的退休福利計畫，那麼恭喜你！至少現況還不錯，在這場人為操縱的遊戲裡，你已經是少數的異類了。不過就算是這樣，這終究還是一場受制於他人操控的遊戲。

拒絕無止境的生活綁架

這曾經是我的生活寫照。因為身負責任，所以會預設好鬧鐘在特定時間起床。通常早上的第一件事，是在六七點召開電話會議，如果不這麼做，就必須與營運人員聯繫，確定他們的工作運作順利。幸運的是，我不必整天或每天都待在

---

* 美國公司提供給員工的退休福利計畫，員工可以自行決定薪水的提撥比例，以稅前資金或稅後資金的方式存入計畫做投資，藉此享受稅務利益。401(k) 又分為傳統 401(k)（Traditional 401(k)）與羅斯 401(k)（Roth 401(k)），分別享有稅務延遲（Tax-Deferred）與稅務豁免（Tax-Exempt）的不同稅務利益。

辦公室裡。我經常早起，在上班前直接前往健身房報到，因為那是唯一能夠鍛鍊身體的時間。

這樣的生活，每天的日常就是忙、忙、忙，根本沒有時間思考；事情一件接著一件來、會議一個接著一個開，中場幾乎沒有時間抒解壓力。雖然我試著安排自己每天的行程，然而多數時間還是在處理應對和解決問題。我想，這畢竟就是我的工作，不是嗎？

下班後，我總是筋疲力盡的回家，想要顧及業務需求，又想回家吃晚餐，真的是兩難啊！雖然我總是把回家吃晚餐這件事置於第一順位（畢竟和家人共進晚餐是非常重要的事），但是腦袋裡還是塞滿工作，很難再全心投入其他活動。相反地，我持續感覺壓力大，覺得自己可以做更多、完成的進度還不夠，甚至可能錯失創造更多收入的機會。只要休假，隔天的工作量就會倍增。

業務範圍大，工作需求也源源不絕的湧進，不只是工作日常，就連週末都得出差，而且還有董事會議、例行性會議、季會議、每週電話會議、團隊職能、辦公室拜訪，以及其他義務，這些需求永無止盡，即使在業務淡季也是如此。然後是夏天，雖然妻子不必去學校教書，女兒也不必上學，但是這時候卻是我工作最忙碌的旺季。家人有空了，我卻忙得焦頭爛額，經常必須每天工作 10 個小時甚至更長時間，

每週工作 6 天。這種循環永無止境。

雖然這樣的情況不盡理想，但是在人生這個階段卻出現許多正面的事情。我很感謝過程中的機會、成長、知識、技能，以及那些了不起的人們（很多人至今仍是我最親密的朋友）。這段充滿壓力的時期，不僅為我的人生抉擇做了準備，同時也形塑了我的思想，迫使我重新校正，使自己的生活方式與價值觀相符。

按照自己的方式過生活

現在，我沒有在上班前直接前往健身房報到，反而是花些時間思考、寫日記和閱讀。信仰對我非常重要！所以我花時間禱告、做禮拜，為自己的理想生活帶來更堅定的信念。

直到家人睡醒，我已經準備好可以和他們一起出門了。每天早上，我們都有時間一起玩牌、聊天、聽音樂、共讀，或是跟著最喜歡的音樂跳舞。等到女兒上學，我就前往健身房報到。我會照顧好自己的心理狀態、每天與家人共度美好時光，並且關心身體健康。這些在我一整天的時間裡是最重要的部分，我會事先完成，然後再進行其他日常工作。

對我而言，身體健康同樣重要。我不斷接收新的研究

結果和觀念,像是間歇性斷食,以及每餐應該吃哪些主要食物等資訊。通常,我會每週進行一次深層組織按摩,並且視需要做整脊調整。此外,每週至少會安排一個上午的時間打排球、騎越野車,其他時間則是練習舉重,然後做些有氧運動。

我可以選擇什麼時候結束一天的工作,然後與妻子和女兒共進晚餐。晚餐後,我會盡可能的多陪陪女兒,等到把女兒哄睡後,就是我和太太的兩人時光。這樣的日常生活,讓我們夫妻迄今依然可以享受親密關係。我當自己是妻子的學生,全神貫注在她的身上,以及我們的婚姻和家庭,同時滿足了她對愛的需求。這就是我們之間的相處模式。

樂享生活理財族

重點是時間上的自由,而非金錢上的自由。

至於每週的排程,我喜歡透過鼓舞人心的方式,來為一週的工作進行開始和結束。通常週一安排發人深省的活動,週五用來規畫有趣的事情,例如旅行、家庭出遊、與妻子的約會、和朋友們的聚會等。至於週二、週三、週四,則用來

進行專案工作。週間至少安排一天，利用午餐時光或喝咖啡的時間，與那些可以讓我學習請益的人見面。

我喜歡和那些可以激發自己好奇心的人見面。這對我來說非常重要，因為好奇心能驅使我敞開心胸學習。我的目標是每週結識一兩位新朋友，如果做得到，我便覺得這週成功了。住家的德克薩斯州（Texas）奧斯汀（Austin）有很多機會可以持續成長，向那些擁有創造力的企業家、投資人、技術先驅，以及其他具有天賦的專業人士、團隊和公司學習。我不斷尋找靈感、新的學習機會，以及其他像我這樣的投資人，互相切磋交流。

旅行時我會帶著家人體驗有趣的家庭冒險，創造更乾淨、更健康、更好的動力。同時，我和妻子每季都會安排一週的過夜旅遊計畫，前往彼此都喜歡的新地方，藉此讓我們擁有良好的關係，以及有趣的經歷。此外，每一年我們都會安排許多家庭旅行，有時候會邀約其他家庭或朋友參與，所有規畫的重點都聚焦在高品質的共聚時光。

妻子和我都有共識，認為擁有自己的單獨旅行也很重要。因此，每一年她會安排幾次與女性友人的旅行，我也會跟自己的男性友人規畫幾趟旅行，我們都很喜歡這樣的旅行計畫，藉此與最親密的朋友和家人維繫深厚的情誼。

身為企業家，每週我會規畫連續兩個小時的時間，來進

行與科技無關的思考，針對事業、家庭與個人生活，積極創造自己想要的生活。最重要的是，我認真看待自己的精神、心理和身體健康。透過每天的鍛鍊挹注能量，可以讓我在家人、朋友、商業夥伴和同事面前保持更好的狀態，帶來加乘的效果！培養積極的日常習慣持之以恆，可以讓頭腦更清晰、更有智慧，並且提高做事效率。

我喜歡我的工作，因為可以選擇自己要做什麼、和誰一起工作，以及什麼時候開始這些工作。學習到教導別人的過程中，我獲得了成就感和滿足感，讓我可以按照自己想要的方式生活。當然，我還是得工作！不過是根據自己的意願選擇想做並且樂在其中的工作。

更重要的是，我能安排自己的每一天。**我試著優先安排家庭時間，而不是把工作擺第一後再兼顧其他事情**。過去我總是先完成工作，然後努力兼顧其他事情，包括陪伴家人、健身和放鬆休息。這對我沒有任何助益，也無法創造我所想要的活力生活。現在我把家庭排第一，其次是身體健康和自我關照。以前，我就像機器不停的運轉工作，無論精神或體力都付出沉重代價，不僅損害健康、拖累家庭、影響生活，而且還失去自由。現在，我再也不會這樣了。

> **樂享生活理財族**
>
> 做計畫的時候，家庭優先，工作其次。

你可以掌控自己想要的理想生活

雖然有些人不想承認自己已經變成了人質，其實這只是時間早晚的問題罷了！通常新工作在一開始會讓人感覺良好，慢慢的不再感覺新鮮，並且覺察自己實際上受到束縛。對工作心存感謝很好，但是如果可以按照自己想要的方式生活，聰明選擇更好的機會，也是好事一樁。

可以換個方式思考這個問題。**你不需要擁有一份工作收入來維持生活現況，但是可以根據收入規畫自己想要的生活**。否則，工作的現況與心態只會構成精神上的實質障礙，導致你成為工作或賺錢的奴隸。關於你想要怎麼工作、如何安排時間、想賺多少錢、理想生活需要多少成本等問題，可以透過學習讓自己更進一步確定所做的選擇。不要因為日常工作或生意，讓自己成為被工作挾持的人質。

我的任務，是幫忙買回屬於你的時間。這麼一來，你就可以掌握自己的時間，確定想在哪裡、想和什麼人一起、想

怎樣過生活。我希望，你可以按照自己想要的方式生活。

我相信，任何人都能做到這樣的轉變。一開始就要扭轉心態並且承諾自己，要拿回生活的自主權，收回屬於自己的時間。一旦意識上啟動了開關，行為就會跟著改變，然後採取行動為自己想要的生活開拓一條康莊大道。

我在尋找的，是可以敞開心胸、願意思考不同方式生活的人，也就是那些不想安於現狀，願意按照自己的方式對生活做出選擇的人。

樂享生活理財族

> 我們要談的主題，是如何成為樂享生活理財族，而非理財族的享樂生活。

我想讓你體驗，擁有自主權與過著理想生活的解脫感。希望你現在就可以找到創造理想生活方式的熱情，而非等到退休之後。退休、社會保障、投資、儲蓄，以及健康種種，都是無法獲得保障的。

你可以忽視家庭，在工作上投注大量時間，來獲得財務獨立，然而等到最後達成目標時，家人可能已經離你而去，

也許是死亡、也許是和你離婚，或是其他不可預見的情況。你可以花時間放手追求，那些在當下被你認為是很重要的事情，但是這麼做可能導致你與家人分離。既然現在就可以擁有夢想中的生活，今天起就可以享受最充實的時光，為什麼還要等待呢？

這本書可以幫助你改變生活，就像我描述的這樣。也許無法一夜之間實現這個目標，可能需要 1 年、5 年，甚至是 10 年的時間，然而也許在某個時間點，你就可以擺脫一成不變的生活，按照自己的方式創造屬於個人的成功。趁年輕且有充裕時間享受成功新生活，何不現在就成為專業的金融投資人呢？

是的，你會面臨克服的障礙，所以良好的培訓是贏得財務獨立的基礎。**我一直到投資所獲取的收入取代了原本的勞動收入，才真正收回了自己的時間，可以專注在最喜歡的生活，並且得以轉移精神和注意力去創造更多收入與享受個人生活。**

今天不用上班！我可以自由選擇想做什麼就做什麼。一覺醒來，我不必去想該如何賺錢。我的選擇不見得要產生收入，因為被動收入已經超過生活所需。

可以實現的更好生活

一位男士聽了我最近的訪談後，致電要我指導他。他說：「我在生活各方面都已經獲致成功。按照多數人的標準，我在企業界也擁有了財富和地位，但是卻沒有你所謂的樂享生活。」此時此刻，我想你也許已經猜到接下來我對他說了什麼！

雖然提升生活的可能性看似遙不可及，然而卻是做得到的。未來取決於自己的決定和行動。在這本書裡，你會學習投資與生活的不同方式，這沒有想像中困難，也不需要花很多錢。

這不是經由儲蓄累積數百萬美元。相反地，可以一次投資單項資產，來產生符合自己理想生活所需的被動收入。關於投資操作，你可以自己直接投資，或是透過團隊成為公司的有限合夥人（Limited Partner, LP）[*]，藉由別人的豐富經驗來專業管理並營運這些資產。

如果根據生活現況，來細分每個月的花費，那麼所需支付的費用可能遠比想像中的更少。理解自己實際的生活費

---

[*] 兩名或兩名以上的合夥人共同經營業務時，各自根據投資金額對業務承擔責任。

用支出，以及如何永遠擺脫終日汲汲營營於工作與金錢的束
縛，將會是振奮人心的一件事，讓你大開眼界。你可以做自
己的主人！

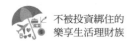
第 5 章
揭穿最常見的投資迷思

「風險，來自於不知道自己在做什麼。」

—— 華倫・巴菲特

　　我過去對金錢的看法，以及現在對金錢的了解，完完全全是兩回事。在我們繼續討論前，請特別注意：切勿隨波逐流。大多數人都有負債，而且累積不了財富。我寫這本書的主要目的是要告訴你，無論財務現況如何，都可以成為樂享生活投資理財族。

　　如果你是那種喜歡進行某投資，然後等待 10 年甚至更長的時間才獲取報酬，那麼，我可能不是你的學習對象。**我專注於盡快有成果，並且盡可能的快速賺錢。我找到非常獨特的方法、發現可以立刻上手的投資交易，並且協商取得了非常有利的優惠條件，可以創造長期權益，同時在幾個月內產生現金流，而不必等上好幾年。我將這種方法取名為「策略堆疊」**，這些全都是我專注在降低風險的每個關鍵時刻，同時累積的經驗成果。也就是透過這個方法，我讓自己的淨

資產倍增，也讓那些被我指導的人的淨資產倍增。

　　我所做的，以及指導別人所做的，可能與你曾經耳聞的傳統投資理財建議完全不同。針對常見的六種投資迷思，現在是時候來解決了。

致富只能靠退休福利計畫或投資股市？

　　這些累積財富與退休金的方法，往往有所缺陷且過時。這些年來你學到的所有知識，現在幾乎都已經成了垃圾。把它們都扔掉吧！社會保障可能用盡，醫療保險也可能無法持續，那些原本被許可的計畫也是未盡完美。一旦想退休了，萬一發生什麼事或經濟下滑，該如何是好？如果退休金少了一半，又該怎麼辦？等到那個時候，已經沒有足夠的時間來重新累積財富，並且也會因為過程中失去了太多積蓄，以至於退休的時候錢再也拿不回來。

　　想想，為什麼政府提供減稅？這是因為等到你退休時，他們會從你的儲蓄獲取收入，從你的存款拿走一大筆錢。大多數人只看到自己正在累積的儲蓄金，卻沒有意識到其中可能有將近一半的錢最後都會變成政府的。這樣的稅賦結構對政府有利，對你卻是不利的。

當政府告訴你:「嘿!我們可以運用一項免稅工具,讓這筆錢以複利方式成長,而且你還可以先繳稅。」其實他們同時也限制了你可以利用的投資金額。例如,個人退休帳戶(Individual Retirement Account, IRA)*羅斯 IRA(Roth IRA)的年度稅務延遲額度 6,000 美元,或是 2020 年公布的401(k) 的存入上限 5,700 萬美元。之所以受限,是因為政府想在成長的收益裡分一杯羹;確實!他們也拿得到這部分,政府還可以隨時改變遊戲規則。如果他們提前要錢,也會想辦法讓錢更早到手。當然!如果他們想延後民眾的退休年齡,同樣也做得到。總之,一切都操控在政府的手裡。

要成為樂享生活的投資理財族,必須先改變自己的心態,透過不同的面向思考投資理財。你可以按照自己的方式生活,前提得採取不同的方法。

樂享生活理財族

> 美國作家厄普頓·辛克萊(Upton Sinclair)曾說:「當一個人的薪水取決於他對某件事的不了解時,想要讓他了解某件事是很困難的。」

---

* 羅斯 IRA 與 401(k) 類似,分為傳統 IRA 與羅斯 IRA,分別享有稅務延遲與稅務豁免的不同稅務利益。

計算實際報酬率才有意義

投資早期，透過財務顧問、投資標的、金融機構取得的每季或年度報告，得知我的投資平均報酬率（Average Rate of Return）在 7%～10%之間。多年來，我從未質疑過這些數字，只是對這些「自己以為賺了多少錢」的帳面結果感覺滿意。直到有一天，我突然意識到，如果平均報酬率這麼高，為什麼我沒有賺到更多錢。從那一天起，我開始鑽研這些數字。

幸運的是，我對每一筆投資的最初投入資金都有記錄，同時報表也顯示了投資開始和投資結束的餘額。有了這些數據，就可以追蹤回溯實際賺多少錢，而不是只憑報表上所列的平均報酬率。我要計算的是實際報酬率（Actual Rate of Return），而不是平均報酬率。因為實際報酬率並未呈現，所以必須自己計算。

令我驚訝的是，經過計算得到的實際報酬率，遠遠低於這些機構試圖取信於我所提供的數字。事實上在第一次檢查並計算過後，我就發現自己的投資因為股票市場表現糟糕而發生虧損，可是當時報表所列的平均報酬率仍然是正值。

金融機構提供的報告是騙人的。他們使用煙幕彈來分散投資人的注意力，讓我以為實際情況並沒有這麼糟糕。明明

在賠錢，然而平均報酬率卻呈現正值，導致我誤以為自己還在賺錢。

平均報酬率是許多理財規畫師唯一會與投資人討論的計算方法。因為一旦你認為可以透過他們而賺錢，就會把錢交託給他們，更何況他們還希望你投入更多資金。只不過，這招對我起不了作用。金律七的「優化交易」、金律八的「去除不必要的費用」，詳細闡述了平均報酬率的缺點，可以幫助讀者了解自己的投資真相。

我知道你明白這一點，但是我想在這裡直接點明：即使你賠了錢，理財規畫師仍然可以透過你的投資賺錢。根據「標準普爾指數與主動管理基金」（S&P Indices Vs. Active, SPIVA）的 2019 年終報告，在過去 15 年裡，你付費請來管理投資的基金經理人，有 95％工作時間比自己操作指數基金投資的表現更差。換句話說，你花錢請人管理資金，但是他們的表現卻不如預期，說不定由你自己來操作標普 500 指數（Standard & Poor's 500）投資，反而賺更多。為什麼會這樣？就是因為沒有人可以預測未來，所以才花錢請專業金融人士管理投資。**然而根據統計結果，這些人實際進行投資操作的工作時間裡，卻只有 5％工作時間所操作的投資表現會優於市場指數**。而且，這個比率數字還被認為很正常！

因此，如果決定要投資股票市場，就應該選擇投資指數

基金，因為投資人只需要支付最少費用。

退休福利計畫有缺陷

　　退休金計畫已經不起作用，所以很多公司都放棄了，轉而選擇像 401(k) 這樣的退休福利計畫。只不過大家很快的就會意識到，401(k) 並非想像中奏效。因為等到人們退休兌現時，政府會拿到其中的三分之一或更多，甚至是 40％或更高比率，金額完全取決於稅率和人們透過累積資金所賺取的收入。

　　由於 401(k) 會產生極高費用，所以一旦它成為你的投資選項時，就必須查明被收取的費用是否合理、有沒有高於正常標準。小百分比的費用聽起來可能不多，直到你意識到這可能是一筆可觀的數目，再加上數十年的時間累積，以及根據你的薪資所付給政府的費用，累積起來的金額可能高達數百萬美元之多。共同基金的費用也好不到哪裡去，而且往往還會收取過高費用。這些都是讓人賠錢的淨值。

　　除了提取退休金時，會因為稅賦而損失一大部分的儲蓄金，退休同時也會失去撫養人、抵押貸款利息、營業費用這些最重要的稅賦減免項目。這些扣除額很可能是幫助你獲得目前稅後所得的重要部分，而且你也已經很習慣了，一旦

沒有了這些扣除額，你會很難維持同樣的生活水準。此外，
由於美國已債台高築，未來應稅所得的比率很可能會比現在
更高。

社會保障不是保障

相較之下，更重要的是社會保障；但是未來可能也不
存在了。你正在付錢給一個未來可能不存在的系統。如今，
還在繳錢給社會保障系統的人數已經少於領取社會保障福
利的人數；但是，領取社會保障福利的人數卻依舊持續在
增加。根據美國社會安全局（United States Social Security
Administration, SSA）所公布的當前財務資料，顯示社會保
險將在 2035 年耗盡。這不是任何意見或看法，而是眼前的
事實。根據在該政府機構任職並負責管理這些財政和國家預
算的人表示，社會保險即將耗盡，就要支撐不下去了。

更糟糕的是，這個竟然是美國社會安全局在 2020 年公
布的財務資料裡所預測的社會保險耗盡時間，時間點比起
當前因為新冠肺炎疫情而頒布居家令所導致的經濟危機更
早。根據撰寫書稿時的最新估計顯示，社會保險最快可能在
2029 年就會耗盡。現實的真相是，社會保險本身就是龐氏

騙局（Ponzi Scheme）[*]，需要取得新的資金來兌現已經向其他人承諾的報酬。因此，這個方案不可能按照當初承諾的內容繼續運作，終究是會破敗的，不過是時間早晚的問題罷了！

我們建構的金融體系，從教育到金融知識，都已經過時破碎不全。不幸的是，大家依然抱著隨波逐流的心態，認為只要跟著別人操作就好。然而，如果每個人都做得很好，財富分配也就不會這麼不平均了。相信我，最富有的 1% 人口並沒有投資 401(k)、股票市場，以及其他政府許可的計畫。也許少數異類可以因此致富，但是那些過著理想生活的人，肯定是不會為了建立自己的 401(k) 而埋頭苦幹。

> **樂享生活理財族**
>
> 成為樂享生活投資理財族，永遠不嫌晚。

用儲蓄金投資股票，存在風險

把積蓄用來投資股票的想法是有缺陷的，但是對大多數

---

[*] 欺詐性質的投資騙局。透過承諾低風險、高報酬的手法，來吸引新的投資人，藉此兌現已經向早期投資人承諾的報酬。與傳銷手法類似，都是用新投資人的資金，來支付早期投資人的報酬。

人來說，這是安置金錢的主要或唯一去處，因此每當股市遭逢重挫時，他們就會損失一大筆錢，造成巨大風險。許多人聽從專業人士的建議，以為這麼做可以降低風險，但是把所有錢都投入股市，實際上就是把所有雞蛋都放進同一個籃子裡，盈虧繫於國家的經濟發展和企業經營成敗。

發生通貨膨脹（Inflation）時，美元不會有太大波動。經由量化寬鬆（Quantitative Easing）政策，以及持續性的刺激經濟配套，政府正在增加法定貨幣（Fiat Currency）的數量注進金融體系裡。法定貨幣是政府所發行，沒有黃金等實物商品支持的貨幣，這些印製的鈔票全都稀釋了美元的價值，同時也懲罰了存錢的人，讓他們的錢變得更沒有價值。大多數人的加薪幅度都追不上通貨膨脹，因此這些錢的購買力和總淨值都在縮水。

在通貨膨脹時期（即使在正常時期也是如此），最好的投資就是可以產生現金流的資產，因為美元的價值會隨著更多的印鈔而降低，但是資產的價值（尤其是變現能力高的流動資產價值）卻會增加，因為它們會隨著金融體系裡的貨幣供給增加而升值。一旦增加了會產生現金流的資產，並且提升獲利能力，這些資產會倍增。因此，你不僅可以獲取「趕得上」通膨的現金流、獲得資產的增值，同時還可以對沖（Hedge）實物資產對抗美元貶值時的風險。換句話說，當

貨幣的供給量增加時，你的資產也在擴增。

沒有人可以保證，美國能夠維持目前的超級強國地位，或是這些大規模的刺激經濟計畫不會在某個時間點發生長期的負面影響。也沒有人可以保證，當你退休的時候景氣更繁榮，或是財務遭逢經濟重創過後是不是還有足夠時間恢復。

看看所有拖累投資成長與複利的因素，包括通貨膨脹、市場波動、稅賦，以及各種費用，如果再不專注提高自己的理財知識，甚至把決策權交給別人，常常對方也只會做對他自己最有利的事，而不是對你最有利的事。

針對「致富只能靠退休福利計畫或投資股市」迷思的破解，我總結如下。傳統的金融教育指出，你得在享有稅賦優惠的工具上存錢、投資股票市場，然後靜待奏效，只不過這些都是聚焦在金融商品的報酬率，等待某項商品的賺錢機會。然而，理財計畫卻必須更周全且面面俱到。有許多不同方法可以幫助你達成目標，首先你得避開那些試圖向你推銷採用單一商品策略的人。

同時，也必須設法避開那些採用平均報酬率的理財計畫。因為平均報酬率並不重要，這是人為操縱的名詞，企圖讓投資人對「沒有賺到錢」這件事還能感覺良好，說穿了這就是個障眼法，目的是要讓人沒有意識或察覺所賺的錢並不如自己想像中這麼多。最重要的還是實際報酬率，因為這些

才是真正落入口袋的錢。

不可能隨意花錢同時增加財富？

通常，金錢和財富不會藉由儲蓄的方法而累積，然後等到退休後提取，並且從此過著幸福快樂的生活。因為這樣的操作策略依賴於無窮無盡的希望，希望可以儲蓄鉅額的財富、希望投資的時候股市大好、希望可以在經濟情勢良好的時候退休。如果這些願望都可以實現，那麼希望你身體健康，可以好好享受退休生活。

稍加留意就會發現，一般人的投資心態大都奠基在像這樣的「假設性」與「條件式」陳述。然而實際情況卻是，從儲蓄裡提領資金的做法會讓本金減少，然後直到某個時間點積蓄耗盡歸零。

是的，**我們的目標是要在「不碰本金」的情況下建立儲蓄金，然後靠著利息過生活，然而這個目標取決於這樣的信念：你的投資可以持續產生足夠的利息來維持生活。**只不過，現實生活裡卻很可能在某些時間點產生變化，因為你的報酬可能會改變、大環境市場可能會改變，而且生活成本也肯定會改變。

計算自己每個月的生活開銷

　　更有意義的做法，是根據每個月的現金流（而不是每一年的收入），來思考生活所需的成本。將一整年的生活開銷拆解成每個月的生活花費，得到的數字就是必須賺取的收入，可以支付每個月的生活開銷。這是個實際的策略，奠基在自己就可以計算出來的數字，而不是圍繞在虛無縹緲的希望或不可知的未來收入。

問問自己這些重要問題

- 我需要多少錢，才可以維持現在的基本生活，足夠支付每個月的基本開銷（包括抵押貸款或房租、食物、水電、交通等）？
- 我現在每個月的生活需要花多少錢？
- 我理想的生活每個月需要花多少錢？
- 怎麼做可以創造收入以支付目前生活所需的成本，同時又不會占用個人時間？
- 最重要的是，我如何只靠被動收入生存，來支付每個月的最低基本開銷？

回答這些問題可以更清楚，接下來需要採取哪些作為來創造自己理想的生活，而不是只仰賴工作或事業上的收入。

一旦生活開銷有了著落，可能會讓你想要改善生活，藉由被動投資與擁有資產的方式來增加自己的收入（理想情況下），不再仰賴勞動所得。也可能你會想將多出來的額外現金再利用，投資可以繼續產生收入的其他選項。

分散操作，降低集中風險

當你開始創造被動收入時，就必須採取必要步驟，將投資的現金流分散到不同資產與產業。因為將現金流分散到不同領域，所以就算其中某個領域出事產生負面影響，你也不會損失太多。這樣的操作策略降低了集中風險，避免讓投資暴露在相同經濟因素的影響。

追求財務獨立的過程中，我努力讓家庭開銷在很長一段時間內維持固定，這麼一來當收入增加時，我們的生活就不會消費掉額外的收入了。我立了規則，把任何超過生活成本的收入，投資於各種可以產生更多現金流的新事業與投資。

剛開始，我對自己的投資很保守，只專注在可以產生現金流的投資，直到足夠支付所有開銷，才敢更大膽的放手一搏。這樣的操作策略讓我們可以過很好的生活，同時有能力

自由支配自己的收入。

　　一旦足夠支付開銷了，我就可以放心再做更多規畫，檢視自己的投資哪裡可以再改善，或是哪些尚未考慮周全的地方可以更完整。我開始接觸其他專家與專業人士，並且向他們學習；他們也與我分享了其他的策略和投資機會，幫助我降低風險、增加報酬，同時協助我將資產做多元配置。

　　因為這樣，我的風險承受能力發生了變化，也因為財務獨立帶來更多投資選擇。例如，在確定自己的現金流足夠支付生活開銷前，我一直不碰股市投資和權益投資（特別是天使投資，這部分稍後會討論），因為這些投資的風險大過嚴格審查的房地產租賃（包括直接投資或經由基金的投資），以及能夠產生可預測現金流的優先順位擔保信貸基金。

　　現在，一旦賺到超過生活所需的額外現金流，我喜歡將它們投資於股票、股市指數，以及那些我認為比產生強大現金流的資產更具風險性的投資選項，包括投資營運公司，並且創造獨特條款、內容，以及一次性的交易。

　　一旦用被動收入支付了基本生活開銷，就有更多時間思考想要加入投資組合的其他投資選項。

問問自己這些重要問題

- 如何以最小的風險獲得最大的報酬？

- 過去不存在的新興市場，哪些值得我考慮？

- 如何讓我的投資多樣化，甚至橫跨其他現金流動的投資機會？

　　就像你所看到的，我的投資哲學與多數人都不同。簡單來說，就是首先專注於被動收入，以便支付所有生活開銷，然後再將被動收入多樣化，讓收入有各種不同來源，這麼一來就不會只仰賴單一資產來獲取收入了。在此之後，股票市場指數是最便宜的股票投資方式，因為費用最便宜。長期投資股票市場時，要避免因為一時的感情用事而在不適合的時機進行買賣交易（例如在市場高峰和歷史高點時買進，或是在危機時期賣出），否則可能讓你的投資組合損失慘重。

　　無論是否計入生活開銷，你都可以透過投資營運公司訂定獨特合約的方式來獲取現金流，因為參與事業的成長可以創造另一個投資機會，成為被動收入的一部分。直接股權投資則應該稍微延後，因為在所有投資裡往往風險最大，所以必須等到所有開銷都有了支付的來源再做考慮。尤其是種子

輪（Seed Round）投資*的風險相對更大，所以我只會將投資組合分配一小部分比例在這個項目。這些可能會賺大錢，但是機率不大，即使可以獲取高額的報酬，通常也要等上數十年。

當你進行種子輪投資這類風險較高的投資時，你的資金必須是來自於被動投資所產生的現金流，而且收入要超過生活開銷。因為如果投資失敗了，你損失的只是該資產一次性分配的現金流，而不是可以用來賺取現金流的實際本金。

這種投資布局的思考層次，已經被證明是我投資策略成功的關鍵。接下來，我將詳細解釋每種類型的投資。

只有被驗證過的投資才正確？

15 年前，獨棟別墅出租還不算是資產類別。直到大約 12 年前，它們才正式成為一類資產，而且還名列美國增值最快的資產種類之一。

大麻、大麻二酚、大麻產業正在發展，在美國是成長最快的產業之一。

---

* 初創公司的第一輪正式股權融資。

　　相較於過去，音樂產業的版稅投資機會更為普遍，投資人也更容易取得進入的管道。它們始終存在，如今有新方法可以更有效率的創造收入並追蹤版稅來源，加上市場蓬勃發展的帶動，使得藝人和投資人的進入門檻都降低了。

　　原創作品（例如節目、電影、音樂等）是個蓬勃發展的全新類別，如今有更多投資機會，不像十年前只局限於付費有線衛星聯播網 HBO（Home Box Office）與一些製作人。許多相互競爭的公司提供了極好的投資機會，因此進入門檻也更低了。

　　科技是另一個具有投資機會的市場。雖然它們可能曾經因為景氣低迷而影響經營成效，或是被人們忽視，但是總有創新的、破壞性的發展值得關注。金融科技正在蓬勃發展，軟體即服務（Software as a Service, SaaS）*也正在起飛。群眾外包（Crowdsourcing）和群眾募資（Crowdfunding）變得愈來愈流行，也成了主流。整體而言，電子商務正在顛覆改變人們購物與拓展業務的方式，網路市場也已經成為人們購物的常態趨勢。

　　醫療保健與老年生活產業，同樣有機會蓬勃發展。旅館

---

* 軟體交付與授權的方法。透過訂購取得軟體的線上使用權，取代傳統必須購買軟體安裝在個人電腦上使用的方法。

改造成住宅大樓與公寓的市場需求也很大。隨著經濟起飛與電子商務蓬勃發展，產業物流中心和倉庫也快速發展。

就我的觀點而言，這樣的例子不勝枚舉。這些全新、蓬勃發展的新興市場都有很多機會，只是大多數人沒有時間或沒有信心去探究罷了！

不犧牲利益無法提升生活？

「生活的通貨膨脹」會對長期財務獨立構成威脅。讓我換個方式再次說明。首先，沒有什麼是既定的。一旦成為樂享生活理財族，就意味著收入增加時，生活方式並不會隨之等比成長。那些曾經被我訓練、指導、開發的人，都理解這個道理。你的生活方式不會發生戲劇性變化，除非你擁有足夠「可以重複進行的投資」，來支持你改變當下的生活。記住，**你是要成為樂享生活的投資理財族，而不是要過著投資理財族的享樂生活。**

當我得到額外收入時，我可以自由選擇是否要改善生活現況，因為同時我也已經買了另一項資產，而且這項資產所產生的收入，足以支付改善生活的花費。舉例來說，當我想買輛新車時，與其把錢花在買車這件事，還不如在買車前先

買個可以產生收入的資產，然後再利用這個資產所產生的收入支付買車的費用，這麼做可能更聰明。相反地，如果我直接花錢買一輛新車，形同我把全部的本金用來購買一項無法產生現金流的物品。

再說，車子不是資產，而是一筆費用。相對更有意義的做法，是利用本金賺取額外的現金流，然後再利用這些現金流支付買車的費用與負債。這種方法也讓我在還清車貸時，有機會從投資的本金再賺取更多現金流。對我而言，這是一種更聰明方式的「購買」。當我向客戶提及這個策略時，他們都驚呆了！「你怎麼做的？我從來沒有想過可以這樣做。但是我應該怎麼做呢？」

住家改造也是個很好的例子！你可以在事前購買能夠產生收入的資產，來支付改造的費用。多出來的收入可以購買新家具、進行住家改造，甚至是購買更大、更貴的房子。

相較於舊家的房子，我們現在住的房子在市場上更搶手。雖然新家的房價是舊家的兩倍，但是在買下這間房子前，我就已經事先買了一項資產，所產生的收入可以支付兩倍多的抵押貸款，足夠因應新家的房貸，以及改造經費。等到自家的房地產投資組合升級了，我們才開始改造現在住的房子。對當時而言，買新家這個房子也算是個安全且聰明的投資。

樂享生活理財族

你要積極主動！購買未來會增值的資產。

　　無論是購買新東西、改造住家、重新裝修計畫，或是其他改變，每當家人想要改善生活時，我就會想要擁有一項可以產生收入的資產，並且利用它來產生現金流，以支付新的開銷。同樣的策略也適用於旅行。我們多次前往世界各地旅行，造訪過許多國家，並且可以用投資所得的現金流來支付旅行所需費用。上次為期六週的歐洲之旅，我們遊覽地中海的幾個國家，沿著不同海岸線旅行。期間所有開銷，也是用購買另一項資產所產生的現金流做支付。

　　另一個提醒：如果團隊中有合適的稅務策略專家，只要您肯花幾分鐘的時間，並且遵守所有國稅局的規則來證明期間的所作所為，那麼假期也可以被視同是召開董事會議來做處理。

　　這項策略也可以應用在公司的升級或成長，用類似的方法來創造新的現金流。我已經在好幾個公司用過這個方法，你也可以這麼做。舉例來說，當公司需要增加業務方面的投資（例如新增員工、增加行銷活動、購買更專業的設備、建

造更大的辦公空間等）來創造更大規模與整體成長時，只要
獲利可以支付這些新增的投資費用，就可以購買能夠產生現
金流的資產做支付。反之，如果公司的獲利無法完全支付新
增的開銷，你可能就需要貸款了。

你可以從另一個觀點思考。如果這筆貸款是給自己的
呢？那麼，你可以用個人名義使用這筆貸款來投資可以產生
現金流的資產，確定產生的現金流可以支付公司擴大規模所
需的額外費用，用這筆錢來償還貸款與利息。這麼做，無論
對你或對公司都是雙贏。此外，你也可以購買更多能夠產生
現金流的資產，來實現這個目標。

大多數投資專家都會提供好建議？

你知道嗎？絕大多數的金融服務從業人員，都沒有受信
託責任約束，這意味著，他們沒有義務做對你最有利的事。
因此，許多理財規畫師不需要做對客戶最好的事情，只需要
做對的事，或是他們認為好的事情，所以他們通常也就只做
對自己最好的事。

此外，你從這些顧問獲得的建議，往往是帶有個人偏見
的，因為他們企圖使用某種可能「不符合你的最佳利益」的

方法行事。然後，他們會把你的錢投資到其他商品，藉此賺到額外的獎金、佣金或回扣。不幸的是，這樣的事件在金融服務業非常普遍，多年來，無數媒體與新聞報導都已經揭露了這種行為。

我想再次重申：通常，財務獨立不會以羅斯 IRA 這樣的個人退休帳戶和其他被許可計畫的形式出現。實現財務獨立的方法也不會透過任何書籍的形式來宣揚，至少不會出現在書中的內容。

向專業人士學習是件好事，因為他們是靠自己所教授的知識來賺錢。你得意識到，有些人可能已經實現財務獨立，但不一定是透過自己銷售與教授的財務實務獲得。**你最好評估他們的財富來源，而非一味相信這些有錢人的說法絕對正確。你的學習模範，是那些運用自己教授的實務經驗來實現財務獨立的人。**

像是美國個人理財專家戴夫‧拉姆西（Dave Ramsey），就非常擅長幫助人們解決債務問題。然而，他卻沒有教大家創造財富的方法，以及如何擁有致富心態，也許這不是他的目標。因此，如果你的目標是創造財富，可能要避免像這樣的匱乏心態：「不要買那杯拿鐵；因為如果今天把 5 美元拿鐵咖啡的錢存起來，那麼 50 年後也許可以價值這麼多錢。」你想喝那杯拿鐵嗎？如果想喝，何不想辦法實現財務

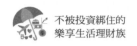
獨立，同時也可以喝杯拿鐵呢？

樂享生活理財族

不要生活在匱乏心態之中。對於我今天的生活，你愈是感覺好，就有愈多機會實現財務獨立。

　　想成為樂享生活理財族，就不要一味遵循規範，因為你不會想要甘於平凡，況且一般人也不知道如何理財。當你看到大多數人在做某件事時，你應該反其道而行，因為這些人可能也搞不清楚狀況。為何你還要去複製不好的例子呢？

　　你要複製的對象，是那些擁有自己的想法、擁有你理想生活的人。去仿效那些有成就的人的所作所為，學習他們如何分析市場趨勢變化，並且尊重、實踐他們所宣揚的做法。找個願意公開自己的收入，同時最近已經達成「你希望達成目標」的人，來當你的財務教練。

需要很多錢才能開始現金流投資？

在這本書裡，我分享了各種投資。最重要的是你必須知道，無論想投資什麼，所有策略都適用。至於怎麼開始，可能取決於你的知識、風險承受能力，以及可用的資本。好消息是，我有許多策略可以作為你開始的起點。

至於是不是「合格投資人」（Accredited Investor），也許不同的投資會有不同的認定標準。合格投資人也許是個人或企業，至少在收入、淨資產、專業經驗等項目符合資格，被允許可以參與某些投資機會。符合「合格投資人」資歷的個人，必須擁有 100 萬美元淨資產，或是在過去兩年擁有至少 20 萬美元的年收入（如果已婚，年收入總和需達 30 萬美元）。

美國證券交易委員會（U.S. Securities and Exchange Commission, SEC）制定了這些要求，來認定與那些不必受監管披露保護的經驗豐富投資人（Sophisticated Investor）的不同。基本上，美國證券交易委員會也試圖保護那些未受教育的投資人，避免受到欺詐，或是被操控投資行為。

大多數人沒有意識到，許多投資並不會要求投資人的身分非得是「合格投資人」不可。投資人的資格要求，會因為投資的類型與產業而不同。舉例來說，許多房地產投資並不

設限合格投資人才能參與。

你需要做的重要決定是，自己比較喜歡直接投資，還是投資「集合了很多投資」的基金。如果這是個很好的投資機會，那麼直接參與投資會是比較好的做法。然而，有時候藉由增加多個投資來消除一些風險，也是很好的做法，一旦其中一項投資出問題，也就可以被其他表現良好的投資抵消。

另一個要做的決定，是使用什麼平台。CrowdStreet、PeerStreet、Fundrise 等，都是常見的美國房地產群眾集資平台，無論是不是合格投資人都可以參與。這些平台創造了大量機會，對於那些希望從 1,000 美元小額投資開始的人來說，是個好選擇。如果認真調查，其中也有很不錯的交易。然而，並非所有平台上的投資品項都好，學會如何評估投資機會，還是可以開發很多不錯的交易標的。我曾經透過這些平台做投資，相信他們可以提供很好的交易。

除了群眾集資平台，還有標準的聯合貸款。如果你在尋找有營運團隊管理的投資，得先看看他們有多少經驗，並且評估收取多少費用，然後再找出適合的目標。有些人不知道私募說明書（Private Placement Memorandum, PPM）裡可能隱藏費用，所以務必確實閱讀詳細資訊。

不到 5 萬美元可以投資什麼？

　　除了投資指數基金，還有一個選擇就是投資房地產。我喜歡房地產，因為已經具有內在價值（Intrinsic Value），不會像股票歸零，所以購買時可以作為銀行貸款的抵押品。相較於其他投資品項（例如沒有抵押品作為抵押的企業），這類資產更容易取得融資。

　　對很多人來說，投資房地產租賃是具有吸引力的，因為經常可以立即產生現金流。房地產投資包括投資住宅大樓、移動屋園區（Mobile Home Parks）*、公寓大樓、產業物流中心和倉庫、自助式倉儲，以及其他房地產選擇。當你找到了合適的交易，第一天就可以產生現金流；但是如果你是新進場的投資人，風險會更大一些，而且某些房地產不會立即產生現金流，所以必須先確定你的投資標的會產生現金流。

　　第一順位（First-Lien Position）信用基金是另一項有趣的選擇。因為你可以對房地產或其他抵押品擁有優先留置權，所以相較於其他投資的風險小。而且，這些基金還會產生持續的、可預測的現金流，通常是每個月發放一次。

---

* 移動式房屋的集合住宅區。移動式房屋是預製結構的房子，大約是三個貨櫃大小，在工廠建造了永久固定的底盤後，再運輸到現場組裝。

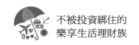

如果你只有 5 萬美元或更少的預算，還是有很多不錯的選擇可以讓你開始第一筆投資。以上列舉一些我知道且可行的方法，提供你參考。

超過 5 萬美元可以投資什麼？

我記得自己的第一筆投資本金只有 5 萬多美元，而且還讓我徹夜難眠！我心想，「天哪！這筆錢可是大數目，如果失敗了怎麼辦？我可能會因此失去一切。」但是在擔心的同時，我更想做的是停止腦海中的自我設限。於是，我轉念告訴自己，「你知道嗎？當你有錢參與交易，一定要從中有所學習。」完成那筆交易後，我對下一筆交易就更有信心了，再也沒有因此失眠。這是一段重要歷程，讓我體驗過程，並且獲得機會教育。

如果你和當年的我有相同的感受，我建議你記住，大多數人在開始投資時也是這麼想的。你有機會自學！任務就是事前盡責好好調查，確定正在進行的是很好的投資。如果不確定這筆交易的好壞，那就交給擁有這方面領域專長的專家來代勞。投資人的身邊應該要有一些好的顧問。

學習的過程中，應該把「分散投資」當作策略。如果計

畫投資 25 萬美元，可以將這筆錢分成每筆 5 萬美元的小規模投資來進行交易。特別是當對特定資產類別沒有專業知識時，像這樣分散投資的操作也是個好主意，可以避免將所有雞蛋都放進同一個籃子裡。

無庸置疑的，擁有愈多錢，投資機會也愈多。那些我見過最強大的投資計畫，設定的最低投資額通常比較高（例如，最低投資額為 25 萬美元，或是 100 萬美元），但並不表示低於這個金額的投資就不是好的交易。另一方面，這些設限較高的最低投資額數字，還存在條款較優惠的其他交易和投資。

剛開始投資時，這些數字可能「大」得讓人難以置信！然而，隨著經驗和知識與日俱增，你會對這些交易愈來愈駕輕就熟。因為自己的經驗與教育背景，讓我可以放心投入更多資金。

一旦開始投資並做中學，投資也就變得更容易了。只要你不過度情緒化，就不會被結果左右。

第6章
樂享生活理財族的墨菲定律

「我相信，最好盡可能從別人的錯誤中汲取教訓。」

——華倫·巴菲特

　　每個投資人都會犯錯，而且某些時候還會賠錢。如果我可以阻止你犯下愚蠢的投資錯誤（就像我正要和你分享的這個例子），就可以幫你省下數十萬甚至是數百萬美元。更重要的是，我還可以幫你省下好幾年的時間。畢竟這本書談的內容，是如何成為樂享生活理財族。

　　在軍隊，大多數士兵在軍營接受基礎訓練時，都會看到一些戰場墨菲定律的變形。最初，我在 Reddit[*]發現了這個資訊。軍隊服役的男性和女性在一些評論中表示，定律的某些內容甚至在武裝戰鬥的過程中拯救了他們的生命。你可以上網找到數百條被稱為「定律」的法則，但是我從中挑選了自己最喜歡的 20 條，列在下表。

---

* 類似台灣的 PTT。

戰場墨菲定律

1. 友軍的砲火一點兒都不友善（被自己人誤傷）。

2. 實戰經驗總是「用時方恨少」。

3. 無論你必須走哪條路，都是艱難的。

4. 奇怪的東西會吸引砲火，而你就是奇怪的東西。

5. 如果笨方法有效，那它就不是笨方法。

6. 喬裝成無關緊要的人；敵人子彈不多，不想浪費在你身上。

7. 永遠不要和比你勇敢的戰友躲在同一個散兵坑裡。

8. 永遠別忘了，你手上的武器是由出價最低的承包商所得標製造的。

9. 完美的計畫是不存在的。

10. 手榴彈的五秒引信，都會在 3 秒內燒完。

11. 重要的事總是簡單的，簡單的事總是難做到。

12. 飛來的子彈有優先通行權（別用肉身體擋子彈去路）。

13. 從來沒有一支完成戰備的單位可以通過檢閱。

14. 從來沒有一支準備好檢閱的部隊可以活過戰鬥。

15. 如果敵人在你的射程內，別忘了你也在他的射程內。

16. 唯一比敵軍砲火還更精準的，是友軍的炮火。

17. 該一起運來的武器總是不會一起運來。

18. 必須組裝在一起才能發揮效力的武器配件，無法一起被運送到戰場。

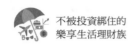
19. 你做的任何事都可能讓你喪命，就算你什麼都不做也是一樣
　　的結果。
20. 專業士兵的行為是可以預測的，但是這個世界上卻充滿危險
　　的菜鳥。

　　無論你是否身在軍隊，都可以透過這些戰場墨菲定律
體悟智慧。事實證明，忽視這些定律所遭致的危險是會致命
的。因為這些定律的引導，我制定了自己的一套定律，並且
將它稱作「樂享生活理財族的墨菲定律」。

忽視這些定律可能導致不可逆的危險

　　為了避免陷入同樣處境，現在我要與你分享自己曾經
犯過的一個最大投資錯誤。你還記得 2008 年底被揭發，
由美國納斯達克股票交易所前主席伯納・馬多夫（Bernie
Madoff）所犯下的龐氏騙局嗎？是的，我被捲入了這個騙
局，損失將近 100 萬美元。

　　我一直想投資網路房地產。幾年前，聽說有個很棒的投
資機會，發現某公司所建立的網站可以透過廣告收入、附屬
收入、電子商務等多種收入來源，來產生被動收入。據說，

這個投資最終會建立一份觀眾名單，我不僅可以獲得收入，還會取得一筆可以出售的資產。這筆交易看起來很棒！因為它每年會支付我 20％的金錢。除此之外，當網站出售時，我還可以和公司五五對分。

到目前為止聽起來很有賺頭，對吧？

更棒的是，這項投資不需要我做任何事，只需要提供資本。我的兩位好朋友，分別在 2013 年與 2014 年先後投資了這間公司，而且這間公司從未拖欠任何付款。無論從各個角度來看，似乎都確定這是個不會出差錯的投資。

讓我先告訴你壞消息。我最後投資 30 萬美元，並且在第一年賺進 6 萬美元，就如同他們所承諾的，而且這間公司也從不拖欠任何付款。然後，當網站出售時，我又賺進 20 萬美元。接下來，我選擇將這筆錢繼續再投資，並且再加碼 10 萬美元雙倍下注。也就是當時總共投資 60 萬美元（包括最初投資的 30 萬美元、20 萬美元的網站出售收入，以及再加碼的 10 萬美元）。

然後，我又拿到了一年半的報酬，總共獲得 20 萬美元。因為當時一切都運作得精準無誤，所以我又另外再投資 20 萬美元。至此，總共投資 80 萬美元。

我拿到了一份非常詳盡且盡責的調查清單；同時，我的團隊與律師，也幫忙我在投資前做查核。當我把這筆交易告

訴我的律師時，他立刻積極的說服我不要介入。他說：「這
看起來好得讓人難以置信。」遺憾的是，我沒有聽他勸告，
最後還是出手投資了。

　　因為有這樣，所以有了以下所謂的「樂享生活理財族的
墨菲定律 —— 不可逆的清單」。

樂享生活理財族的墨菲定律 —— 不可逆的清單

1. 如果它看起來好得讓人難以置信，很可能就真的不能相信。
2. 如果有什麼讓人感覺毛骨悚然，很可能就真的很可怕。
3. 謹防自抬身價的人，以及那些透過提及大人物名字來抬高自己身價的人。
4. 重要的事總是簡單的，簡單的事總是難做到。
5. 每當感覺困惑時，就回顧樂享生活理財族的原則和十條金律。
6. 無論多麼希望美夢成真，都得謹防不尋常的高報酬。
7. 謹防垂死的行業。
8. 謹防垂死的市場和城市。
9. 不管這筆交易再怎麼好，如果某城鎮只有一名主要企業主，那麼在那裡可能潛藏很大的投資風險。
10. 如果沒有做任何調查，只是因為朋友的投資就跟進，這是不聰明的。
11. 尚未思考某投資的擁有和操作等花費前，不要出手。

12. 自己盡責調查！不要相信別人提供的數字。記住，他們只是想要賣東西給你的人。同時，與其他投資人比較彼此所獲取的資訊，確保你們的資訊一致。

13. 研究網路上的顧客評論。

14. 針對賣家與他的合作夥伴，進行背景調查。

15. 取得法律建議。專業人士會看到你忽視不見的部分。

16. 確認其他專家都喜歡這項投資。

17. 訪問幾位長期投資人的意見或看法。

18. 某項投資如果沒有長期投資人，你就要謹防留意了。

19. 永遠不要在別人的專業領域與他抗衡。換句話說，面對會在精力與財務等方面榨乾你的律師，不要和他對抗。

20. 放下你的自負，不要自作聰明，才不會讓你的買家低估你。

21. 還沒有詳閱內容並徵得律師同意前，千萬不要簽署合約。

22. 永遠不要以為你簽署的合約就是當初同意的那一份，有人可能在最後一分鐘加進一些狡猾條款。

23. 了解哪些機會是專業人士創造出來的，這些通常是可以預測的。業餘人士編造的投資機會，往往很危險。你必須知道，自己是在和誰打交道。

24. 銀行不在乎錢從哪裡來，只要是合法的就行。

25. 有時候，你可以做的最好投資，就是那些你不願意做的投資。

事後檢討並汲取教訓

針對我所犯的這個投資錯誤，讓我再告訴你一些細節補充說明。我的律師說：「這看起來好得讓人難以置信，好像是個龐氏騙局。」僅僅只是因為對方公司的法律顧問在合約上的文字措辭，他就被這筆交易嚇到了。

最終，這筆交易告吹了！當我開始進行查核工作時，發現了以下事實：

- 該公司謊稱有第三方審計，而且參與審計的還是一間知名的公司。

- 這是一間股份有限公司，而且還名列 5,000 大成長最快速的公司多年，持續利用偽造的財務資料來維持公司在業界或市場的地位。

- 為了增加可信度，公司創始人不斷點名一些網路名人，並且告訴我這些人都是以投資人和顧問的身分參與了公司投資。

- 等到最後無法如期付款，公司就利用流入的投資資金來支付投資人的最後破產，於是整個交易就形成了龐氏騙局。

　　不幸的是，公司企業主拿到的商業建議還很糟糕！我
和其他投資人簽署的法律合約裡，內容規定公司有權決定如
何使用投資人的投資資金，一部分用來支付保證的報酬，另
一部分則是用作公司的「其他支出」。儘管公司企業主堅稱
當時並不知情，但是確實有部分資金是要用來支付給舊投資
人，然而把新資金用來支付舊投資人的做法卻是違法的。隨
著律師和我發現更多實情，我們根據公司的銀行往來紀錄應
該也知道發生了什麼事，因為一直都有警告訊號。

　　最後，這間公司擴張太快，同時花費太多錢。儘管企業
主找來財務長和執行長進行重整，但是一切為時已晚，任何
改變都沒有意義了。這間經營了 27 年的公司，最後就這樣
倒閉了。

　　我現在能說的不多，但是這位公司企業主可能會在監獄
裡待上很長一段時間；因為根據我在網路上查到的資訊，商
業龐氏騙局的平均刑期是 8 ～ 12 年。撰寫本文的同時，由
於調查仍在進行，所以我不便透露更多細節。

　　事件的啟示是，永遠不要因為自負、損失金錢的恐懼，
而做違法的事情；因為這樣做的結果，會讓你入監服刑，毀
掉人際關係、名譽、婚姻。錢可以再賺，但是你卻可能一夕
之間身敗名裂，並且萬劫不復。

　　這就是我在財務錯誤學到的教訓。損失金錢已經夠愚蠢

了！如果沒有因此汲取教訓，那我就真的是個大傻瓜了。**跟比你更聰明的人在一起，聽他們的建議，避免蒙受風險。你可能輸掉一次戰役，但是請你確保打贏這場戰爭。**

　　我的目標，是提供你需要的指導和支援。這麼一來，你就不會做愚蠢的決定，進而損失金錢。你可以運用這些策略與金律來保護自己、減少風險，並且獲取好的報酬。如果過去曾經損失金錢，那錯不在你！只是因為當時還沒有正確的指南與適當的工具，來幫助你實現財務獨立罷了！

PART 2

投資理財的
十條金律

第 7 章
金律一：生活擺第一

> 「我對成功的定義是：對目前的生活感覺無比快樂、很少
> 痛苦。而且，這樣的生活也讓身邊的人感覺更多快樂，而不是
> 痛苦。」
>
> —— 托尼・羅賓斯（Tony Robbins），美國作家

讓我告訴你一個故事，故事的主角是我的第一位樂享生活理財族獅子客戶。他和其他獅子都是我的高淨值私人投資客戶，每一位都會在為期一年的時間裡，接受我的高階投資策略一對一個人指導，學習正確的心態、結構、篩選，並且與真正的投資機會進行談判。我的目標是幫助每一位獅子建立與我相同的投資組合，可以降低風險帶來現金流，實現自己的理想生活。

一年後，每位獅子都擁有了知識、智慧、理解能力，知道如何堆疊各種策略，創造最高投資報酬。更重要的是，這一年裡，每一位獅子都可以造訪我 20 多年來所建立的專業人士龐大網絡。這些專業人士擅長創造獨特的交易結構來保

護自己的資產，並且提供高水準的稅務策略和建議。同時，獅子們也可以持續造訪那些不容易發現，或是必須透過別人介紹才可以接觸到的交易。我將這個獨一無二的團體稱為「獅子網絡」。

我的第一位樂享生活理財族獅子，現在可以睡到自然醒，而且已經很多年不用鬧鐘。他沒有占用自己時間的老闆或工作，每天起床後的第一個小時就是閱讀（去年他總共閱讀了 150 多本書）、祈禱、冥想、寫日記，接著再花上 1 個小時的時間鍛鍊身體。現年 40 歲的他身材很好！直到現在，結婚將近 10 年的妻子仍然認為他很性感（大多數時候都這麼認為）。

鍛鍊身體過後，他會查看自己的八位數投資組合與七位數銀行帳戶，同時反思生活願景，包括為期兩個月的旅行與國外旅遊（一趟歐洲，另一趟加勒比海）等家庭度假目標，以及超過兩趟與那些已經成為密友的超級富豪的商務旅行。接下來的兩個小時，他會與新加入投資的執行長視訊通話、悠閒的享用午餐，然後下午 2:00 就下班了。

他和妻子為女兒制定了教育方案，包括在家教育和私人指導，這麼一來，他就擁有時間陪伴女兒、與妻子共處幾個小時邊散步邊聊天，並且享受一家三口的家庭聚餐。等到把女兒哄上床睡覺，他會和妻子一起喝些葡萄酒話家常，同時

想想事情。

這位獅子選擇每週工作 3 天、週末休息 3～4 天，他明白只要自己願意，也可以停止工作好幾年。他有充裕的時間思考，同時也會利用時間收聽那些鼓舞人心、有助於自己訂定長期策略的播客，並且記錄個人見解。相較於過去每週工作 50～70 小時所賺的月薪，現在每個月的第一週他在睡眠中所賺的錢更多（過去的他是高收入者，收入是六位數的好幾倍）。

現在，我的這位客戶有了完全的人生自主權！可以自由選擇如何打發時間，既可以和家人、朋友在一起，也可以追求自己的興趣喜好和人生目標。他將人際關係和健康置於第一順位，追求心理、身體、情感，以及精神成長，同時也給了妻子追求個人喜好的自由。他們過著低調奢華的生活，沒人可以猜出他的淨資產。

他不僅擁有 20 多年的至交老友，而且與千萬富翁和億萬富翁維持良好的人際關係。他和妻子每年將收入的十分之一捐獻給教會，同時也慷慨的捐款給好幾個慈善機構。他的生活充滿了選擇和自由！隨時都可以為家人購買任何他想要的東西。這一切的動力來源，是他希望可以發揮自己的影響力、可以與社會聯繫，並且做出回饋與改變。

他為自己所設定的第一項財務自由標準，是讓妻子可以

不必工作，原因是為了家庭，他們希望可以擁有更高品質、更靈活的生活。他的妻子是一名才華洋溢的高中商科教師，年收入 3.6 萬美元，為了達到自己設定的財務自由標準，他明白自己需要投資可以產生同樣年收入的資產。就技術層面而言，其實他可以投資年收入低於 3.6 萬美元的資產，因為妻子的稅後收入遠遠低於這個水準，更何況投資收入的稅率也比勞動收入的稅率低得多。

他分析每個月需要賺多少錢，然後決定買個移動屋園區。這個首次購買的園區已經足夠彌補妻子的月薪，可以讓她不必再工作了。對妻子而言，這樣平順安穩的日子可以擁有充裕時間，並且帶來生活上的自由，讓自己在離開教職後，有更多時間與家人共處、旅行，做想做的事情。之後，這位獅子又做了同樣的事情，幾年後他的收入也改變了。

我的第一位獅子客戶，其實就是我自己！樂於教授或分享這些知識前，我必須先實現樂享生活理財族的願景。我的原則是：如果一個人目前沒有在做我想做的事，也沒有體驗過我的理想生活，那麼我永遠不會聽取他的理財建議，因此我必須先過好自己的理想生活。

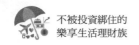
> **樂享生活理財族**
>
> 多數人過著保守的生活。我的目標呢？主動並積極的生活。

　　對我而言，你在這本書閱讀到的所有內容，我有十足的信心指導和教授給你，所以我必須以身作則。如果我是在上次失敗過後的 10 年或 20 年寫這本書，也許當時尚未重整旗鼓，我不相信自己可以給你好建議。除此之外，對於那些收入沒有超過我的理財教練，我也絕對不會和他們共事。

設計個人專屬的自由公式

　　成為樂享生活理財族最讓人感覺興奮和美妙的部分，就是可以按照自己的方式來設計生活。**自由公式可以讓你主動創造自己的理想生活，而非讓生活處於被操控狀態。成為樂享生活理財族的第一步，是有意識的思考自己的理想生活。**

　　繼續聽我說下去之前，現在花點時間來練習這個自由公式。檢查你在自由公式裡每個加項內容的重要性優先排序，可以幫助你設計出完美的理想生活。

時間＋金錢＋人際關係＋影響力＝樂享生活理財族

時間的自由

- 睡到自然醒
- 鍛鍊身體
- 祈禱和冥想
- 寫日記和內省
- 在家教育孩子
- 收聽鼓舞人心的播客、閱讀鼓舞人心的書籍
- 訂定策略，做長遠思考、規畫、目標設定
- 家庭聚餐，享受不被打擾的高品質家庭娛樂時光

金錢的自由

- 每年想安排幾次假期（或是你夢想更多）
- 每一趟旅行，想要花幾個月的時間來完成
- 想花多少時間，去上課或學習自己想學的內容
- 隨時可以購買任何自己想要的東西
- 不必在意銀行帳戶餘額，可以開立大面額支票或隨興購物
- 擁有七位數、八位數，或是九位數的淨資產

- 擁有七位數，或是更多的流動資產

- 隨時隨地可以安排假期

- 到世界各地旅行，住最好的飯店和房子，假期長短不是問題

- 付費購買任何專業或服務，藉此讓自己擁有更多時間

- 慷慨自由的給予

- 把錢當作是實現目標，或是成就更多夢想的工具

- 為家人、朋友或其他人，建立信託基金

人際關係的自由

- 參加一些課程，與配偶和孩子建立更進一步緊密聯繫

- 和可以鼓舞人心的人一起工作

- 選擇與誰定期共度時光

- 安排時間，與 5 ～ 10 位對你最重要的人共度美好時光

- 安排時間，與生命中最愛的人分享最棒的經驗

- 針對可以提升你的社會地位或能力，或是具有影響力的人，與他們建立關係

- 與「名人」建立關係的勇氣和信心

- 與「大使」建立關係。因為這些人可以影響具影響力的人，並且幫助你造訪具親和力的團體和組織

- 參與孩子的愛好，以及運動團隊、親師聯盟，或是其他團體

- 透過媒體 —— 提高你在網路與媒體的曝光頻率和知名度，藉此分享資訊，並且輕鬆與更多人聯繫
- 高階團隊 —— 加入 Tiger 21、EO、YPO、Vistage、Strategic Coach、Genius Network 這類高水準的專業團隊，並且與那些指導並幫助你成長的高績效人士聯繫會面。

影響力的自由

- 從事鼓舞人心、充滿活力的工作
- 支持 501(c)(3)[*] 等非營利組織與慈善機構
- 直接幫助有需要的人
- 指導渴望學習的學生
- 成立基金會
- 志願服務你的教會、社區、職業團體、慈善機構
- 為學校、大學或慈善團體設立補助基金
- 奉獻自己的專長
- 追求自己的熱情，而不必考慮金錢
- 可以回饋或支持致力於動物保護、生態保護，以及其他有益地球的事業組織
- 對自己很重要，而且可以積極影響觀眾或群體的藝術表達

---

[*] 501(c)(3) 組織：依法規定不用繳納聯邦所得稅的公司、信託、非公司協會或其他類型的非營利組織。

　　請注意，自由公式從「時間」開始。如果有能力買回更多時間，就會擁有自己一直夢想的生活，也是成為樂享生活理財族的意義。這麼一來就可以擁有自己的時間，買回更多時間和自由，去做任何想做的事，無論什麼時候想做、想和誰一起做，也不必在乎任何原因，儘管用你獨特的天賦為生活挹注最大的熱情。

樂享生活理財族

美國作家托尼・羅賓斯曾說：「因為想工作而工作，而不是因為必須工作而工作，這就是財務自由。」

　　你的下一步，是根據自己的價值觀寫一篇短文，想想我先前描述的理想生活。對你而言，怎樣才稱得上是完美的一天呢？如果餘生都是這樣的日子，你會覺得自己已經「過著幸福的生活」了嗎？

　　寫下這篇短文之後，接著你可以做個名為「自由的來源」和「自由的目的」的練習。如果有一件事可以讓你與理想生活更靠近，你會做什麼呢？

　　如果你的書是紙本，那麼請用筆寫下來，方便日後回顧

什麼才是你認定的理想生活。如果你是在電子設備上閱讀本
書，那麼請使用筆記功能來保存自己的想法。

你的自由願景

日期：　　　　　　時間：　　　　　　地點：

_____

_____

_____

_____

_____

_____

_____

_____

_____

你對自己寫下來的內容滿意嗎？希望今天是你成為成功樂享生活理財族的第一天，因為你已經找到了自己的自由願景。現在是時候找出你需要做的事，來實現「自由」這個目標。

想要變富有，成為樂享生活理財族，而且有能力按照自己的方式生活，第一步就是改變自己的心態。

建立正確的心態

我大力倡導個人和精神的發展。如果不是因為個人追求這個工作，我現在也不會擁有自由生活、金錢，或是與你們分享自己系統的能力。但是我知道，我可以。一切都是從採取樂享生活理財族的心態開始。

富人的思考方式就像富人，他們擁有紀律的行為與想法，並且實踐有錢人的習慣。窮人剛好相反！他們會陷入散漫沒有紀律的行為、錯誤想法、壞習慣的迴圈。他們看不見也無法理解，富人所作所為的細節與差別。

我在這本書所提及的故事，是讓你可以開始學習富人思考的一項資源。請參閱書末所提供的參考書籍。

樂享生活理財族的心態還包括「相信」，並且按照紀律

行事，也就是每項投資都必須代表被動收入，而且收入不依賴花在工作上的時間。採用這個原則意味著，收入與工作完全無關，無論是在睡覺或度假，都可以獲取這樣的收入。

我們都聽過這句諺語：時間就是金錢。大多數人都認為，必須擁有自己的事業才能賺到更多錢。然而事實卻是，即使不是被動收入，這些也不是企業內部員工應該遵循的最佳協議或價值。

另外一個迷思是，你必須存錢，並且過著節儉的生活。你甚至不能去星巴克買杯拿鐵，因為你必須把多餘的每一分錢都存起來，才能建立更充裕的儲蓄金。

以上兩個觀點都是謬誤，錯誤思維會阻止你變富有。

一旦改變想法，把生活做優先排序後，你就會用不同於傳統投資人的方法，來處理交易過程中的每個細節。當你把我的策略和金律堆疊在一起，投資就可以為你帶來更多的自由和收入。

舉個例子，與你分享如何適當的安排貸款。這不像傳統方式的銀行貸款，我必須先支付 20％頭期款，再由銀行提供其他 80％融資，實際上，我與移動屋園區的賣方協商了一項交易來解決貸款的來源問題。討論後對方覺得很滿意，因為我給了他 15％頭期款，而我也達成了自己的目標，因為我想取得比和金融機構往來更好的交易。

　　我第一個自掏腰包買下的移動屋園區，首付金額為 6.5 萬美元。然後，我用同樣的貸款結構和 7.5 萬美元的首付，買下第二個移動屋園區。當時家裡的生活開銷每年要花費 11 萬美元，所以這兩筆首付加起來比我們每年的生活費用多。這些都在我的考慮之中，因為我的第一個目標是存下 12 個月的生活費用，以備不時之需。

　　誠如先前提到的，我首先想要取代的是妻子 3.6 萬美元的收入。第一個首付 6.5 萬美元的房地產，它所產生的現金流就幾乎完成了這個目標。我進行的交易通常可以立即產生現金流，而第一個月的現金流就已經為我們帶來收入。值得注意的是，儘管我們當時的生活開銷需要 11 萬美元，但其實我們只需要 5.2 萬美元就能滿足最低支出。我明白這點，所以只要確認前後兩筆交易的現金流加總後，金額足以支付最低生活所需即可。而且，我也真的做到了。

　　身為樂享生活理財族，在心態上我經常已經為最壞的情況提前做足準備，這麼一來就可以擁有很好的計畫，以備家人不時之需。一旦受傷不能工作，我知道我們還有保障，即使有別於當時習慣的生活水準，還是可以生活。

優化財富的意義

我們來談談，優化財富的概念。首先，**我不認為財富僅僅只是錢而已，金錢只是財富的一部分，身體健康、情緒狀態、精神衝勁等都是財富的組成要素**，人際關係和目標也是如此。因此在審視財富時，我會進行整體分析並優化其中的每一個組成要素。

「財務狀況良好」是財富的重要組成部分，可以讓你花時間做其他事情，確保身心強健、智力發展，同時感覺被鼓舞。當你擁有了時間、空間、金錢來選擇正確食物（包括購買有機食品，或是為你特製的餐點），就可以安排定期的調適、針灸、按摩，並且關注情緒與精神等心理狀態。生理與心理息息相關，彼此相互影響身體健康。

樂享生活理財族

美國作家瑪格麗特・博納諾（Margaret Bonnano）曾說：「富有，是擁有金錢；富裕，是擁有時間。」

當你從金融角度來具體思考財富的創造與累積時，就可

以更客觀的對整體做評估。大多數人只會從那些未受過完整教育，甚至是沒有資格分享高階策略的人那裡學到一些小片段，而且得到的資訊大都只是廣告宣傳的素材。然而，大多數的資訊來自華爾街和銀行，透過培養、內容策劃，以及我們的大學與學院教育，引導人們把錢送給他們。

在這些機構裡教你投資的人，以及那些覬覦你金錢的資訊來源，都有著相同的心態。一旦你把錢給對方（銀行），他們就會從中賺取很多錢，但是卻給你很低的報酬，而且無論是否幫你賺到錢，他們都會先把錢付給自己。這太瘋狂了！如果你繼續瘋狂的把錢給他們，但是卻沒有獲得成果，你和他們都應該對這樣瘋狂的行為負責。

關於生活優先排序，以及需要投入多少時間來賺取報酬，我有兩個經過驗證的事實。首先，有些投資根本不需要花時間，一旦人們知道它們的存在，大多數人都會想要擁有。其次，剛開始的時候投資一些時間來增加報酬，某些情況下也許是有意義的。

剛開始投資的時候，我願意投入一些時間來取得更高的報酬。然而，現在我的投資已經不需要我花任何時間了，因為它們已經是真正的被動投資，並且我也願意用較低的報酬來換取自己的時間。我購買移動屋園區的其中一個理由，是因為在房地產租賃方面可以產生的現金報酬率最高，但是需

要投入的時間卻最少。

一開始，我每週額外花 5 個小時來處理租賃業務。這麼做，對我來說是有意義的，因為無論如何，我必須學習處理所有事情，才可以隨時親自上陣。由於一開始就自己管理，所以相較於花錢請別人經營可以獲得更高的報酬。後來，我僱用一些自己欣賞的優秀人員，並且訓練團隊來接管所有營運。雖然這麼做所獲得的報酬會比自己管理來得少，但是我明白最終目標是要取回自己的時間。我的營運總監是位非常了不起的女性！我們共事已經超過 15 年。在管理我的房地產投資組合方面，她比我過去的表現更好！

如果你的目標是要取得最高的報酬率，並且也願意在一開始先投入少量時間，那麼投資移動屋園區這類房地產租賃是最簡單的方法，可以讓你開始樂享生活投資理財。**只要擁有正確的心態和紀律，並且願意在開始的時候先投入一些時間，就可以在實做的過程找到適合自己的平衡點。**

如果你有更多資金，而且一開始就不想投入太多時間，那麼我可以提供一個範例（這個例子說明我的投資原則如何發揮作用），讓身為樂享生活理財族的你可以使用硬通貨貸款（Hard Money Loan），來槓桿操作自己的時間與金錢，創造真正的被動收入。

關於硬通貨貸款

　　所謂的硬通貨貸款，是指用不動產做擔保的貸款。當人們無法取得銀行融資時，通常最後就會採用這樣的貸款方式。許多人將這種貸款做為短期過度性融資或建設貸款，然後再用長期貸款為房地產進行再融資。由於硬通貨貸款常取自於個人或公司，而非銀行，所以相較於傳統貸款，利率更高，期間更短。

模仿經歷過成功過程的人

　　我非常喜歡模仿經歷過成功過程的人，這是我身為樂享生活理財族的部分心態。如果別人能做到，那麼我也可以。我有一些非常成功的朋友，利用硬通貨貸款來成就他們的事業，所以我模仿他們的方法和條件，來進行硬通貨貸款交易。這種方法讓我在安全的投資裡，不需要花太多時間就獲得巨額的報酬，真正把生活置於優先順位。

　　我喜歡短期的硬通貨貸款，雖然利率和費用都較高，而且一開始就收取前期費用，但是只要投資結構正確，通常風險都很小，但是報酬卻很高，特別是當擔保品坐落於發展快速的城市，或是交易熱絡的房地產市場。除此之外，由於貸

款的時間短，而且有前期費用，所以我可以很容易的架構額外貸款，來使我的報酬複合成長。

建立正確的結構是基本要件

對好的交易而言，正確的結構是最基本的要件。我採用一些具體條款，來創造高報酬並保護我的投資，避免賠錢。

- 6 ～ 12 個月的貸款
- 6 ～ 12 個月的期末整付（償還該筆貸款）
- 每月只付利息
- 12%的利息
- 提前支付 2 ～ 4 個百分點（貸款的 2%～ 4%）
- 投資的擔保抵押品價值，至少是貸款金額的兩倍。
  （大多數情況下，是以財產的信託契約做為抵押擔保。因為投資人擁有這個資產的所有權，所以如果借款人違約，就可以將這個資產出售。）
- 選擇經驗豐富的營運商，以及業績紀錄良好的房地產專業人士，避免違約。

使用標準過濾投資

　　請記住，篩選是使用標準來對投資機會做排序，並且縮小範圍。雖然乍聽之下可能有些負面，然而硬通貨貸款交易最吸引人的地方就是，一旦借款人違約，我的投資將變得「無限好」。我希望借款人不會違約，但是如果他們違約，交易的結構對我很有吸引力，因為我的投資就會倍數成長，可以擁有做為擔保抵押品的資產。誠如你所看到的，我的投資條款都創造了雙贏的局面，無論發生什麼事，我都可以獲得穩定的報酬，這就是我最喜歡的投資類型。

談判協商更好的條件

　　以下是我實際工作時的談判原則。進行交易時，我所談判的抵押品要比貸款的價值更高。一旦借款人違約，我就可以獲得比投資金額更大的房產。我也喜歡談判較高的前期費用（例如4％），並且在貸款一開始時就先支付，以降低交易風險。此外，我也喜歡收取較高的利息（例如12％或更高），以及較短的貸款期限。這些交易的要件，都是為了確保我可以在一年或更短的時間內回收本金，並且為每個月的

付款提供更多的現金流。

在第一期，我只撥放了貸款金額的一半，直到滿足一定
條件過後，再撥放其餘的貸款。這種方法有助於將可能涉及
的風險降到最低，同時確保借款人按照他們應該做的方式來
使用資金，以確保貸款按照計畫進行。

檢討交易成效

金律一是「生活擺第一」。對我而言最重要的是，所有
投資都在某種程度上改善了我的生活。我不僅僅是想從大部
分的投資裡獲取更多的現金流，更重要的是這些投資不需花
費太多時間。這條金律讓我可以賺取收入，而且不受限時間
影響。

為了符合這條金律，我尋找了硬通貨貸款這類的投資
（以及硬通貨貸款的其他變化，包括貸款基金與高抵押商業
貸款），讓我可以在不犧牲高報酬的情況下，擁有更多時間
自由。在眾多滿足「生活擺第一」的投資選項裡，硬通貨貸
款只是其中的一種。

第 8 章
金律二：降低風險

> 「投資的第一條法則，是永遠不賠錢；第二條法則，是永遠記住第一條法則。」

—— 華倫・巴菲特

你去賭城拉斯維加斯（Las Vegas）賭博，輸了一場撲克、輪盤賭（roulette），或是二十一點，但是最後仍然贏得現金離場。這聽起來不可思議嗎？如果你在投資時知道如何使用我的「策略堆疊」來進行談判，那麼即使部分投資失敗了，還是有機會獲得正數的現金流。

巴菲特的前兩條投資法則，就是這個章節最好的總結。一旦你無法心平氣和面對交易，恐懼與不知所措就會影響你原先的行為自律、經驗、智慧等表現，這麼一來就很難讓自己謹記並遵循這些法則。如果賠錢了，不但得加倍努力彌補，還會失去這筆錢原本可以賺取獲利的機會成本。

降低風險的其中一個目標，就是保護你的投資本金，以及與投資本金相關的任何潛在損失。另一個目標，則是要擁

有足夠的「槓桿」，無論你投資或貸款給誰，對方都得意識到違約損失會遠遠大於收益，所以他們會不惜一切代價履行與你的協議。換句話說，如果你借給某公司 50 萬美元，並且拿到價值 1,000 萬美元的資產做為抵押，那麼這家公司的負責人會不惜一切代價還錢給你，因為他們不想因為 50 萬美元的貸款，而損失 1,000 萬美元的資產。

　　關於投資的事實就是，沒有什麼事情確定百分百正確，最終你還是有可能會賠錢。然而，一旦應用樂享生活理財族的原則和金律，並且了解如何堆疊策略後，就可以大大降低風險與負面影響。讓我們從以下降低風險的策略表列著手。

降低風險的策略

- 教育自己如何投資，決定你要做的特定投資。
- 抵押貸款（為了安全起見，理想情況下至少是貸款金額的 2 ～ 3 倍）。
- 應用創意，採用所有不同的抵押貸款方式，像是使用房地產、應收帳款、存貨、設備、智慧財產權、股票和應收票據等。
- 擁有強而有力的法律文件，降低投資風險，並且提供保障。
- 確保自己在資產上擁有優先擔保地位，或是第一留置權地位。

（這意味著，你是第一個可以拿到償款的人，並且處於投資中最安全的位置）。

- 改善提案條款，讓條款對你有利，並且立即降低一些風險。

- 想辦法一開始就拿到前期費用。

- 如果是貸款，可以使用績效指標來限制借款人的貸款金額。也就是對方的資格必須先符合這些指標，你才會撥放總貸款金額的一部分。

- 訂定契約，做為防止價值下降的屏障。一旦生意開始下滑，你可以更改協議條款，要求立即償還貸款。

- 使用個人擔保來保障投資。如果對方違約，你有權利取得他們所擁有的其他資產，好收回自己的投資。

- 嘗試股票質押（Pledge）。這是另一種確保投資的好方法，有助於提高對方履行合約條款可能性。

- 合約加入違約利率條款，只要有人違約，利率就會自動上升。

- 如果你是借款人而非貸款人，應該採用無追索權貸款。這麼一來，在違約的情況下，除了與違約相關的資產，也就沒有人可以追索你的任何資產。

- 透過加速償還計畫，來加快投資或貸款償還速度，以便在更短的時間內收回投資資金。

靈活應用不同風險策略

你可以觀察一筆交易，尤其是其中所列的違約條款，當有人帶著這樣的交易上門時，你可以自行決定是否要投資。當然，有些交易就是這樣，但是大多數的交易卻不一定如此。一般來說，投資確實有風險，但這也只是個神話。你希望投資會成功，或是覺得這個投資太冒險，甚至讓你不想參與。不要認為所有條件理所當然應該接受，要想辦法降低風險。

一旦受過教育，好的投資並不難談判。你不可以只期望最好的結果。你得在足夠盡責調查過後，才能對大多數投資感覺安心，進而適當安排自己的投資。

我喜歡第一筆移動屋園區交易，因為是由賣方融資。這是一筆無追索權貸款，也就是說無論我是任何形式違約，賣方都沒有權利追索我的其他資產，但是他可以拿回自己的財產，也可以保留首付和利息。對我而言，我明白如果出了問題，或是我搞砸了交易，也不會殃及自己的其他資產。

我喜歡由賣方融資的交易，因為它沒有追索權，同時過程也更快速俐落。你不必經歷所有承保，也不必像在銀行需要面對各種麻煩。當你和銀行有良好的往來關係，同時也有良好信用時，銀行可以幫助你取得融資，只是我會儘量避

免動用銀行融資。如果賣方以 5％利息發行 10 年期債券，分成 20 年或 25 年攤銷，這會是一筆很有吸引力的交易。我在這場遊戲中沒有太多的風險，對我而言這是個雙贏局面。（我在金律八「去除不必要的費用」，會再更詳細討論無追索權貸款、賣方融資，以及其他貸款選項。）

我要告訴你一組現實生活中的例子，並且解構它們如何組合，以及個別投資如何運作。當你把我的原則、金律、風險降低、策略堆疊結合在一起時，就會明白這種超低風險投資的樣貌。誠如我在本章開始時所提到的，我的策略堆疊是透過結合多項非顯而易見的方法，來降低風險並獲得更高報酬的方法。

後文的例子可能有點技術性，但是本章的目標之一，是必須詳細告訴你典型低風險交易的樣貌。範例中你會學習如何使用系統，**只要不受情緒影響、堅持基本原則，並且找到有創意的方法來堆疊這些策略，就能持續產生可衡量的結果。**

我分享這些的目的，是要讓你了解如何檢驗所有交易（無論簡單或複雜），讓你就可以把勝算押在對自己有利的地方，隨時可以走進一場看起來像賭博的局面，但是最後可以帶著獲利離場。

範例：投資大麻屬、漢麻、大麻二酚等產業

　　我現在最喜歡的其中一項投資，是以大麻、大麻二酚、漢麻產業貸款為主要業務的優先擔保信貸基金。由於銀行不能借錢給這些產業，所以這一類產業的貸款優先擔保信貸基金可以向借錢的公司收取高額利息，透過每月分紅的方式為投資人創造難以置信的高報酬。除此之外，優先擔保信貸基金可以多次抵押每筆貸款，因為這類產業的公司擁有人沒有其他獲取資金的選擇，所以寧願用抵押品來借款並支付較高利息，也不願意放棄公司股權。他們會善盡本分做好自己的工作，藉此擴大公司規模。在這類產業快速成長而且異常高報酬的獨特季節，這類產業的優先擔保信貸基金為投資人帶來一場完美風暴。只不過，一旦產業合法，利率也將調降至正常水準。

　　美國有些州已經將大麻合法化[*]，但是他們也同時限制了許可證的發放數量，導致現有的許可證更有價值。你可能有間背負了300 萬～ 500 萬美元貸款的公司，但是他們把自己的許可證充當抵押品，而且這張許可證可以賣到 1,000 萬～ 6,000 萬美元之間。通常，這些公司的業主會親自為這些貸款提供擔保，甚至還會設立第三方託管帳戶把股票質押在那裡，以便貸款違約時自動轉讓。由於違約風險很小，所以這些作為對投資人而言也是件好事。

---

[*]　這類產業在台灣尚未合法。

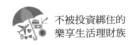
成長心態

　　針對大麻、漢麻、大麻二酚等新興產業，我研究一段時間後所得到的結論是，只要這個市場合法且合乎道德，我就想接觸。雖然這是個相對較新的領域，但是我的策略依然適用於那些不成熟的投資人和交易。此外，這些產業與大環境經濟表現無關，即使總體經濟衰退，它們還是有望在未來許多年持續成長。（在投資組合中，加入非相關的投資項目是很重要的，這麼一來即使股市或其他投資下跌，投資人還是可以保有表現不錯的防禦部位。）

　　這項特別的投資來自我的人際關係網絡，公司聯合創始人與我的律師是朋友。我的律師事務所幫他們擬定所有認購合約並進行審查，所以我對這項投資選擇與自己的策略非常滿意。此外，產業每季的成長率都在 25％以上，所以報酬看起來極具潛力。此外，該投資是透過基金操作，也有助於降低一些風險。

交易結構

　　以下是交易結構：

- 8%的優先報酬率（實際報酬率是 15%）
- 報酬按月支付
- 預計內部報酬率 20% ～ 30%
- 資本持有 2 年，發生緊急情況時可以取出資金
- 可以在某些交易參與股權和認股權證
- 有機會在共同基金以外參與更多投資交易，以更好的條款接觸其他公司
- 有機會參與基金以外的共同投資交易，以更好的條款取得某些公司更多的權益部位
- 能夠以超過預期報酬 3 ～ 4 倍的價格上市

篩選過濾

在我見過的優先擔保信貸基金中，這項投資提供了最高總體風險調整報酬率。由於投資人會在投資中處於最安全的位置，一旦出現任何問題，他們會第一個獲得償款，並且可以獲得高報酬。此外，每筆貸款都有抵押品，而且價值通常是貸款金額的 5 ～ 10 倍。另外，這項投資的本金有 2 年的鎖定期（大多數類似的投資機會，鎖定期都比 2 年更長），兩年後你可以拿回本金或繼續持有基金。

由於其中一些內容尚未合法，所以銀行還不能在這個領域從事放貸，於是為市場上那些從事放貸的公司創造了高報酬。此外，這些公司都會被嚴格審查，而且很難過關。除非他們與美國 600 家允許大麻、漢麻、大麻二酚的區域銀行或地方銀行合作，並且開立公司存款帳戶，以核實財務狀況。

因為這些公司都經過嚴格審查，同時也經營得非常成功，擁有土地、房地產、設備、其他資產、應收帳款、會員權益股票，甚至是大麻許可證等大量抵押品可以做為擔保，所以許多短期貸款還會附帶股權與其他權證，有助於改善交易。這樣的投資不只享有很大的跌價保障，而且每個月都有強大的現金流，同時可以獲得巨額的上漲收益。

談判商議

我和自己的「獅子網絡」與樂享生活理財族的策劃人，達成一項附帶優惠條款的邊車協議。實際上，邊車協議是一份紅利附錄，或是針對投資人或集團的附加條款協議。（我在金律六「尋找收入擴大的方法」，會詳細討論邊車協議。）我還透過談判獲得了優先購買權，成為基金經理人第一個詢問參與投資意願的人，可以參與他們在基金以外許多

交易的共同投資。

交易回顧

　　巴菲特在本章節開始的那句話「不要賠錢」，完美總結了降低風險的概念。如果你應用我的「策略堆疊」來進行投資，通常可以協商出很好的條款，同時降低風險。例如，藉由定期分配來獲取高額的利息支付、在短期票據期限結束時取得大額款項、找到讓借款人親自擔保交易的創意方法，以及以供應商或顧問的身分獲得報酬等策略。

　　許多我的學生和客戶都已經成功轉換了投資心態，從股票投資人轉變成為現金流投資人。股權投資人是為了最終可以獲得報酬而冒險投資的人，但是大多數時候這些交易是無期限的零利率貸款，非常危險！整體而言，現金流投資更好，因為可以降低風險。

　　下一個例子是降低風險的完美藍圖。你可以把它當做模型，應用在下一次的談判。這是一項超低風險的投資！你可以結合我的原則、金律、策略堆疊、降低風險一起應用。

範例：投資美國航空公司前總部

我曾經有機會，透過奧斯丁一家商業房地產公司（我曾與這間公司進行過多次投資交易），投資美國航空公司位在德州達拉斯（Dallas）的前總部。前總部是一處極高檔的園區，包括三棟建築（總面積將近4萬坪），以及兩座有結構的車庫，1980年後期的建築費用估計是4.9億美元，而現在的重置價值已經超過4億美元。美國航空公司的成長規模超過了這些總部，因此決定建造一座大約5.6坪的新園區。這次出售的，包括其中兩棟建築要回租，總共為期6個月，在新園區竣工期間，降低了投資人的持有成本風險。

雖然該建築已經在市場上推出，但是幾乎沒有以「增值」為目標的辦公大樓營運商，願意承擔重振大型企業園區的重任。普通合夥人可以談成每坪大約1.6美元的折扣價格（占重置成本的12%）。較低的成本，使普通合夥人可以提供相較於市場價格更具吸引力的租賃條款。

接近交易尾聲前的盡責調查期間，該資產做了軟行銷，希望可以在美國的最大公司與最受尊崇公司裡尋找一流租戶。對於那些尋求面積超過5,620坪的租戶而言，整個達拉斯沃斯堡（Dallas-Fort Worth）市場只有很少的大型商業區塊空間可以使用，因此使得這項交易更具吸引力。更何況這座基地不僅僅只有一座建築物而已，總計共有三座建築物可以滿足這些潛在租戶的需求。這樣的預行策略，允許營運商達成三座建築物其中一座的交易，並且在6個月內簽訂租約，降低了另外兩座建築物的租賃風險。

成長心態

　　我曾經有機會，以 7,295 萬美元的非常優惠價格，在美國最強大市場之一的達拉斯沃斯堡市場，投資由 3 棟建築物所組成的高檔 A 級園區。這些建築物，都是美國財富前一百大企業、政府機構，以及高階安全許可國防承包商的總部。這個機會對參與的投資人而言，簡直是獨一無二的機會！因為在 2020 年 4 月頒布新冠肺炎居家令期間，無論市場時機或交易時間點都很合適。再加上其他因素，幫助我以一個很好的價格迅速獲得了這項資產。

交易結構

　　以下是交易結構：

- 10％優先報酬率
- 資本報酬時間，預計 2 年或更短時間
- 預計報酬為初始投資的 3.5 ～ 4.5 倍
- 這項投資預計需要 4 ～ 5 年時間（我對需求和定價有信心！實際投資時間會更短）

- 25 萬美元的投資，預計 4 ～ 5 年之內，就能獲得
  87.5 萬～ 112.5 萬美元的報酬

篩選過濾

這個房地產是一項頂級的資產！不僅位於美國最好的市場之一、價格非常好，而且有很多機會增加價值與利潤。這些建築物的品質，對於需要安全保障的租戶具有吸引力，因而增加了租賃條款與房地產的價值。在交易完成前，就已經找到取得政府支持的知名租戶。

普通合夥人享有盛譽，擁有超過 600 名投資人，在這間公司投資房地產已經超過 28 年，而且從未賠錢。該合夥人過去的內部報酬率也是 32 ％，平均持有時間僅 4 年多，投資人的本金通常會在 1 ～ 2 年內收回。

談判商議

在交易結束前的盡責調查期間，普通合夥人立即開始與這些公司談判，包括兩間最大的政府國防製造商和承包商、

一間擁有數十個分支據點的最大醫院集團與醫療保健系統公司、一間矽谷最大的公司，以及一間全球最大電子商務公司之一。這項行動，進一步降低了我的風險。除此之外，普通合夥人也同意所有新投資人賣出選擇權，允許我（以及我帶進來的所有投資人）可以在 30 天內以任何理由隨時收回所有投資金額，並且在投資期間內，這處房地產的賣出選擇權都不會到期。

這家商業房地產公司的創始人兼總裁，以自己的個人資產來擔保投資人的賣出選擇權，所以即使投資失敗了，他仍然持有債務，會用自己的錢來支付給投資人。並且我也可以證實，即便所有投資人同時贖回自己的賣出選擇權，他的流動淨值也足夠償付所有賣出選擇權。

交易回顧

如果這是與普通投資集團的普通交易，這家集團可能會收取一些錢、支付一些利息，並且在 5 ～ 10 年之內收回他們的錢。然而，普通合夥人在這筆交易裡的結構是：投資人可以在 1 ～ 2 年內收回他們的初始投資，並且獲得 400％以上的投資報酬。除此之外，投資人還擁有賣出選擇權的權

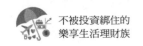
利，如果對交易結構或時間安排有任何不滿意，他們隨時可以收回資金。

　　很多人忘記一件事，就是談判的方式有幾千種，所以你不該違反巴菲特的第一條法則與第二條法則。當你遵循這些原則和金律，並且在我的策略堆疊裡盡可能的添加更多元素，也就不會賠錢了。

第 9 章
金律三：找出潛在交易機會

「天空布滿星辰，白晝是看不見的。」

——亨利・華茲華斯・朗費羅（Henry Wadsworth
Longfellow），美國詩人

　　在投資裡，人們通常會透過股票提示或內幕提示，尋找合法且自己又有把握的標的，或是找到免費資金的方法，來構成投資優勢，但是當你在尋找潛在交易時，這種想法絕對是錯誤的！相反地，找到潛在交易的最好方法是找一間陷入困境的公司，因為它無法擺脫沉重的負擔、包袱，或是因為部分業務已經過時，導致無法產生盈利。這樣的潛在交易，對於那些長期以同樣方式（或是錯誤方式）看待公司發展的內部人士而言，是不容易發現的投資機會。

　　最近在我的投資人網絡中，我有機會收購 Dressbarn，這是一間知名度極高的上市零售品牌企業，只是多年來一直處於困境。他們在網路上發展蓬勃，擁有巨大商機，銷售額讓人印象深刻！他們擁有倉儲、製造、包裝、行銷，以及穩

定的團隊，但是由於實體零售拖累了他們的利潤，導致業務
嚴重受挫。

Dressbarn 的母公司 Ascena Retail Group，是美國最大的
女裝零售商。儘管曾經擁有幾個知名的零售品牌，但是一直
專注於實體零售，沒有與時俱進的創新，也沒有擴大電子商
務業務。與投資人進行交易時，他們處於破產的邊緣，最終
申請了破產保護（Bankruptcy Protection）。

我透過自己的投資人網絡，達成了一筆驚人的潛在交
易，一直到交易完成前，甚至連企業內部人士都不知情。交
易的結構，包括將線上零售從實體零售中分離出來，並且收
購這個品牌。同時，我還為自己與那些我幫忙召集而來的其
他投資人，談判了驚人的條件。

最終協議，允許我們接管品牌與所有智慧財產權，可以
用折扣金額決定要購買多少庫存、建立新的庫存關係、與最
好的供應商繼續保持關係、擺脫所有的責任和租賃承諾，並
且取得客戶資料庫（將近 800 萬名客戶）裡的所有購買品項
和個人資料。

之前的管理階層仍然留戀著昔日的業務與做事方法，他
們已經變得目光短淺。他們的忠誠和習慣，使得無法削減開
銷，也看不見機會。這個簡單的潛在交易很容易管理！我們
擺脫了累贅，專注於新的、有利可圖的資金。

任何經歷過景氣低迷的人，都必須要了解的重要事實就是，規模小且利潤高的公司好過規模大且利潤低的公司。身為投資人的我們明白這一點。公司當時的 9,000 名員工中，我們僱用了其中 30 名最優秀的員工。

這個全新的團隊有非常聰明且經驗豐富的線上行銷人員，知道如何利用線上品牌結合槓桿、建議、可預測的成長，來增加流量和收入。也因為我是有策略的選擇具專業知識的投資人與合作夥伴，所以可以在每筆交易擁有額外的領先優勢。

身為外部投資人，我學會確保自己擁有大量穩定的交易流量。透過每一年所看到的成百上千筆交易，我可以取得最有利可圖的標的。由於我建立了龐大的投資人與私人客戶網絡，大家希望獲得高品質、低風險的交易，所以在所有的市場或產業裡，幾乎都擁有祕而不宣的領先優勢。

分析比較後談判總體利益

我在自己的獅子網絡裡提出了數十筆交易，這些交易都經過審查，並且比較過數百個潛在機會，我們只投資風險最低、報酬率最高的交易，而且更注重可以在最短的時間內取

得本金投資報酬的標的。我已經與 Pier 1 Imports、Linens & Things、The Franklin Mint、Modell's、RadioShack 等企業交涉過像 Dressbarn 這樣的投資交易，由於其中有些細節仍在討論中，所以我在撰寫本書的此時不便透露。

以下，是我們在這些交易中，可以為投資人談判的總體利益：

1. 每月現金流：低於 5 萬美元的投資，投資人每個月可以獲得 20％利息的現金流。5 萬美元的投資，投資人每個月可以獲得 833 美元。

2. 參與條件：投資人可以獲得高達投資金額 20％的現金紅利。實際金額取決於到期時所支付的投資金額。

3. 本金：無論是 1 年、2 年或 3 年，所有投資人都可以在到期時 100％收回自己的投資本金。

4. 免費股權：在這種情況下，換股（Stock Exchange）參與之所以被稱為參與條件，是因為可以免費取得。大多數時候，投資都是直接權益的形式，所以每一筆 5 萬美元的投資都相當於一定數量的權益。本金償還後，根根據實際交易金額（每 10 萬美元 0.3％），每 100 萬美元可以獲得高達 3％的股權，因此投資 25 萬美元的投資人可以免費獲得 0.75％的股權。

　　讓我來分析這筆交易；這樣你就可以了解，如果你是投資人，兩年後會發生什麼事。為了簡化計算，假設你在這筆交易投資了 100 萬美元（儘管最低投資金額是 5 萬美元）。

　　每個月，你會收到一張 16,666.67 美元的股息支票，每年總計 20 萬美元（兩年期為 40 萬美元）。兩年後，你的投資本金就會完全收回了。沒有其他風險，但是你仍然可以獲得額外的 20％ 現金紅利 20 萬美元。你還會獲得公司 3％ 的創始人股份，而且不必額外付錢。假設這間公司從現在起算的 5 年內，會以 1 億美元被收購，那麼這些股權就等同於 300 萬美元的額外利潤（加上每年可以領取 3％ 的股息，直到被出售。如果公司選擇分配，而不是將利潤用於再投資成長，來創造更高的退場價格）。

　　此外，如果交易出了問題，你也已經談判取得了智慧財產權的第一留置權做為抵押品，這是個強而有力的部位，特別是因為品牌是用很低的價格所購買的。品牌和智慧財產權都很容易出售，即使不會賺很多，至少可以拿回自己的本金。除此之外，也因為你持有的是債權部位而非股權部位，意味著你會比其他人可以先拿回自己的錢，所以承受的風險也比直接投資股權要低得多。

　　你可以在兩年內，從 100 萬美元的投資中賺取 60 萬美元，並且有機會在沒有額外風險的情況下，再多賺 300 萬美

元。這些可以成為賭資，因為你已經取回全部的投資本金，
而且還有剩餘，對我而言已經是一筆相當不錯的交易了。記
住，這原本是一個大多數人都認為正在走向衰亡的零售品
牌，但是在現實裡，它正藉由純粹的電子商務快速擴張，只
是現有的實體事業削弱了業務表現。這就是我所謂的潛在
交易。

　　我熱愛自己所做的事。任何時候，我的投資人網絡中都
有 10 ～ 30 筆交易，在我進行初步審查後，大家會再共同審
查這些交易。當我和自己的獅子客戶一起工作時，我會向外
尋找這類驚人的交易，並且談判取得非常有利可圖的條款，
然後為他們帶來更好的機會（多數人所投資的交易，通常只
符合我的單一投資金律）。

掌握潛在交易的指導原則

　　以下是我在尋找潛在交易時的兩個指導原則：

1. 關注新興市場或主流以外的潛在機會

　　這個原則適用於新科技創新，或是目前處於再造階段的
公司。我也喜歡表現優於現況的新科技，因為它會顛覆傳統

並改變產業的未來發展。

更具體就房地產投資而言，我喜歡從自己在該領域已有
的許多關係中獲得場外的交易機會。例如，10 多年前獨棟別
墅或獨棟別墅租賃才剛出現，尚未構成一類資產，當時我就
得風氣之先投資這項資產，為自己的投資帶來巨額報酬。

2. 關注經濟發展趨勢，掌握強勁的發展機會

要及時了解正在發生的變化，例如電子商務，已經成
為世界的領先產業之一。此外，產業物流中心的需求將會增
加，因為企業需要更多的空間來儲放庫存，藉此更貼近客戶
的需求。將產品送到顧客手中的最昂貴成本，往往就在最後
一里路。如果你關注世界上正在發生的事情，就可以發現更
多像這樣的新趨勢。

列出潛在交易清單

以下列出幾類我見過且投資人可能參與的潛在交易，
因為這些投資可以引起他們的共鳴。我經常透過聯合貸款交
易，來參與這樣的投資，有時候也會創造投資機會，透過我
的樂享生活理財策畫與獅子網絡來召集投資人團體。

聰明投資人所尋求的潛在交易

- 獨家交易：必須經由別人推薦，才可以參與的封閉式交易。

- 付費交易：只能因為先前的投資而造訪，或是付費參與。

- 場外交易：沒有公開宣傳出售的投資（意味著購買時通常沒有競爭或較少競爭）。

- 機構交易：通常是為機構投資人而保留的投資。但是如果有良好的關係，也允許個人或團體參與投資。

- 非常規投資機會：不常見且經常被忽視的條款、內容、產業。

- 新興市場：處於上升趨勢，但是可能還不是眾所周知的市場。

- 新領域：未來可能成為主流的新想法或新產業。

- 趨勢關注機會：基於當前經濟環境與市場趨勢的強勁投資。

- 顛覆性機會：挑戰現狀、創造比目前更大價值的公司或產業。

- 交易流網絡：每年看到成百上千筆交易的龐大投資人團體。

- 投資生態系統：經驗豐富的投資老手所組成的小團體，他們喜歡分享自己學到的知識，以及目前正在進行的投資。

　　以下是個潛在交易的例子，以及我的原則與金律在這筆交易中的應用。

範例：投資獨棟別墅維修公司

IFM Restoration 是房屋租賃領域的獨棟別墅維修公司，他們的服務對象包括不動產投資信託（Real Estate Investment Trust, REITS）[*]這樣的大型機構，以及私募股權、物業管理（Property Management）[†]等大型集團。這間公司因為擁有專屬軟體，幫助它在業界與其他公司形成市場區隔。

成長心態

我聽過很多播客，其中最喜歡的主題是「我是如何開始的」，因為它會激發我深入思考創業的努力種種。我也與許多成功的企業主建立關係網絡，因為他們可以迅速擴大業務規模，並且創造巨額利潤。同時，我也會密切關注新興市場與消費趨勢，因為可能帶來相關的巨大機會。

在這筆交易進行時，獨棟別墅租賃空間是房地產市場中

---

* 類似封閉式共同基金，以不動產做為標的物的投資工具。

† 房地產行業的增值服務。除了提供建築物內部的勞務與服務，以延續建築物的壽命與使用基本需求，亦可藉由經營與維護而增加收入，並且提升不動產與土地的價值。

成長最快的投資類別。對於獨棟別墅的最大收購者而言，他們十分需要可靠的維護服務，但是卻沒有一間公司可以滿足他們的需求。這些很明顯未被滿足的需求，創造了巨大的商機！只要可以介入這個產業，就有機會從中分一杯羹，如果擴大服務範圍，甚至有可能大規模顛覆傳統的維護方式。

交易結構

我在 IFM Restoration 的其中一項投資，是為他們提供信貸額度（每個月到期的時候償還），因為他們自己無法取得。在這項交易裡，我的兩位合作夥伴都是聰明且勤奮的人，並且擁有遠大的願景。我所提供的價值，有很大一部分是幫助他們取得金額夠大的貸款來擴大業務規模，除此之外不需要在這個事業裡直接投資任何資金。

我為這個產業提供一些建議，幫助招聘、培訓、開發團隊、訂定招聘協議等。此外，我可以槓桿操作自己的網絡提供聯繫，幫助 IFM Restoration 更快擴展。在早些年，我還幫忙 IFM Restoration 確認保險內容是否合宜，避免發生任何可能對公司造成重大負面影響的事情。

篩選過濾

我喜歡這項投資的風險預測，因為我的下行風險
（Downside Risk）*最小，然而指數報酬的潛力卻非常強大。
我最多可能失去的是我的最大信用額度，所以我把它限制在
自己可以接受的範圍，如果這項投資如我所預期的，那麼報
酬將會呈指數成長。我也喜歡擁有堅強經營團隊的投資，在
這個案例中，有兩家非常強大的營運商，我知道他們有無可
挑剔的職業道德。

談判商議

這次投資的獨特之處在於，我並沒有接受經營合夥人
最初的提議，成為擁有三分之一股權的合夥人。我反而透過
談判，將股權比例降至 20％。理由是因為我知道自己不會
像合夥人那樣，可以全心全力投入工作，這同時也符合我
的樂享生活理財原則。我想保護自己的時間，並且確保這
個商業機會不會對家庭產生負面影響，這一直是我的首要

---

* 進行股票投資時，價格持續下探的風險。

目標。

交易回顧

兩位合夥人對我所提議的「減少持有股權」非常興奮，其實這其中有個很大的好處，因為我不想像他們投入那麼多時間。最初，我主要的工作是擔任資本合夥人，然後協助建立許多目前已經就位的系統，接著我又可以放手離開，相信公司會得到很好的管理。

這項投資非常成功！公司在早期就表現得很好，我可以拿到的分配總額，已經超過我所負責最大信用額度的風險部位，如此一來更確保我在這筆交易中沒有損失任何金錢。最終，這成為一筆數百萬美元的交易，該公司迄今持續成長。

IFM Restoration 已經成為獨棟別墅租賃空間產業的領頭羊。位在奧斯汀的德州最大風險投資公司 S3 Ventures，以及位在舊金山（San Francisco）的 Brick and Mortar Ventures，共同領投了首輪 1,000 萬美元的投資，使得 IFM Restoration 獲得了 4,300 萬美元的投資後估值。

第 10 章
金律四：盡快拿回本金

「僅僅只是想要，是不夠的；你得問自己，要做什麼才能
得到想要的東西。」

—— 富蘭克林・德拉諾・羅斯福（Franklin D. Roosevelt），

前美國總統

想像一下，如果花 50 萬美元買了一間房子，2 年後就
可以收回所有的錢，並且將這筆錢再投資到另一間房子，同
時還可以從上一間房子的權益中獲利。繼續這樣的循環，就
像是複利的概念。

如果可以做到這一切，就不必承擔擁有、購買、出售房
子等複雜問題，那麼情況會如何呢？我已經說過自己非常喜
歡投資房地產，但是一旦成為屋主，就必須處理很多問題。
現在，我要和你分享一個強大的策略！可以在沒有風險的情
況下獲得所有好處，並且在很短的時間內實現，而且不需付
出任何努力。

讓我來描述一筆完美的交易。你把錢投資了這筆交易，

不到兩年就把所有的錢都拿回來了，但是你仍然保留其中的權益。這麼一來，當資產出售時你就可以賺進更多錢，並且在持有期間擁有資產所產生的現金流，同時因為這些額外收入取得稅賦減免優惠。我喜歡免費的錢，你呢？

相較於樂享生活理財族，傳統投資理財族所面臨的最大挑戰，是組建和擴大團隊的複雜性。人們很容易陷入這樣的情況，團隊成本、所有間接費用、投入的時間都超過獲利與需要承擔的風險。

如何在交易裡快速拿回本金？

讓我來說明，快速拿回本金的交易如何運作，以及為什麼可以用極低的風險得到我描述的所有好處。這個策略與金律的目標，是在 1 ～ 3 年內回本，而非像大多數的投資需要 5 ～ 10 年才能收回本金。

假設你投資 10 萬美元，購買了價值 1,500 萬美元的房地產，但是因為這是私下議定的交易，價格低於市價只有 1,275 萬美元。如果投資出問題，你很可能因為購買的價格打折，所以不致於賠錢。第一年，你可以獲得 10％的優先投資報酬，並且按季支付，也就是每一季可以拿到 2,500 美

元，每一年可以獲得 1 萬美元。這筆特殊交易，經過了一年半的時間（倘若不是更早），你就可以收回全部的 10 萬美元本金。

這筆交易可以更好！假設拿回本金時不必納稅，那麼你就只需要為那 1 萬美元納稅。但是，實際情況不會如此。因為這是一筆房地產投資，可以因為資產加速折舊而讓你在納稅時提出虧損，同時取得這項特定投資的權益（就這個交易而言，相當於 0.75％）。

事實上，我在一年前就投資了這項房地產！因為整修了房子、做了填補工程，同時也將租金提高到市場價格，所以現在的價值已經超過 2,100 萬美元。因此，我的 0.75％ 權益現在已經價值 15.825 萬美元。

我總是聽到人們說，因為期待投資快速報酬、本金快速回本等想法都不合理，所以大多數人不會有這樣的念頭。他們甚至沒有意識到，相較於傳統的房地產交易，還有更好的投資方式。因為傳統的房地產交易，往往需要經過很長時間才可以看到投資報酬，在這樣的交易裡，資金會被鎖住很長一段時間。

另外我常聽到的是，「我希望可以在未來 10 年內看到成果」或「這看來真是一筆很好的投資，我可能不會再有這樣的好機運了」，之所以會有這樣的迷思，依然延續這種想

法，是因為缺乏教育所導致，然而實際上還是有其他選擇。是的！還是有很多投資選擇。你可以現在就投入資金，但是可能再也拿不回本金了。甚至有很多投資，可能需要等上10年或更長時間才能看到本金收回，因為必須等待這間公司的帳上出現流動部位（如果採取直接投資，或是進行股權投資）。事實上，還有其他投資方式，你可以在獲得現金流的同時，仍然擁有股權。

客戶和我正在進行的幾筆交易，有些是房地產交易、有些是債權交易，只要一年的時間就可以收回投入的本金。其中有一些是採用獨特的交易結構來投資營運公司，另外一些，則是在全額拿回本金前的最後一兩個月。還有一些交易則是已經全額回本，所以對我們而言已經完全沒有任何風險，並且還享有增值的利益。這樣的投資結構，是我最喜歡的方式之一，因為符合樂享生活理財族的投資模式。

金錢的流通速度是最大的重點

對我而言，**真正重要的是金錢得以流動，也就是金錢的流通速度**，我的金律四與金律五，就是針對這個重點而來。金律四「盡快拿回本金」與金律五「立即創造現金流」是很

重要的！因為這兩個標準都創造了金錢流通速度，讓你可以將每個月或每一季收到的現金流再投資，或是拿回本金用於再投資。

理想情況下，無論你何時投資本金，都想嘗試獲得某種形式的股權報酬。它可以讓你的部分投資，隨著時間的經過產生複利，即便你所有投入交易的原始本金都已經拿回來了，還是可以坐待增值之利。所以，你可以擁有一些賭資來繼續產生複利。換句話說，你的投資可以產生巨大的收益，而且只要本金拿回來，風險也就歸零。這是你知道的，我們已經介紹過了。

讓我們進一步再看，拿回投資本金對金錢流通速度的影響。大多數人的投資都屬於長期性質，像是透過退休金帳戶與長期買進持有策略所進行的股市投資、風險投資基金、可能永遠不會產生現金流的新房地產開發，以及幾十年都不會產生報酬的股權投資。在這些交易中，**資金要不是被鎖住而無法再動用，不然就是投資人明白在未來 10 年，不應該再去動用這些資金，在這樣的情況下，你的錢沒有被充分利用，只是被閒置著。**你希望得到豐厚的報酬，但是一時之間卻不知道如何是好。

與其把錢投進某一項投資長達 10 年，然後觀望等待報酬，更好的策略是把錢投資 5 筆（或更多）不同的交易，為

期一年或兩年，並且可以立即產生現金流的交易。這種策略仍然讓你持有權益部位，所以即使可以更快收回最初的投資本金，還是可以從中獲利。

你可以注意結果，特別是當它們與金錢流通速度相關時。整個過程中，你賺到了現金流，而且投資風險也降低了，因為你已經從這筆交易裡拿回了本金，即使所有錢都花光了，還是可以獲得一些權益。最重要的是，你可以長期參與任何大型的退場。更重要的是，你在 5 筆交易中都用了同樣的策略、使用同一筆金錢，因為你將每筆投資所拿回來的本金進行了再投資。

兼顧短期與長期的獲利潛力，我認為你在這 5 筆投資裡所獲得的報酬，將遠遠超過把資金放在單筆長達 10 年的投資。採用單一投資的方式，所有雞蛋都放進同一個籃子裡，如果採用我建議的方式，就可以讓收入與報酬產生複利，因為你把金錢一次又一次做了再投資。

現在讓我們回顧前一章的 Dressbarn 交易。與其說這間公司是被賤價出售的，其實更像是個清算事件。該交易的結構是採用 1 年期債券、支付 20％利息，每個月發放一次，直到 1 年到期時，本金一次返還。這筆交易，完美的說明了如何從一間公司獲得巨額報酬。它每個月提供了強大的現金流，讓你在 1 年內收回全部投資，同時還保有長期權益，然

後，你可以繼續再把同一筆資金投入另一筆交易，不斷周而復始。

以下的例子，也詳盡說明了這些要點，同時解釋如何從投資裡快速拿回本金，並且重新利用。

範例：投資私人多戶聯貸

多年來，我與不同經營者一起投資了許多私人多戶聯貸（Private Multifamily Syndication）[＊]，其中一個投資聯貸團，在幾個州擁有 2,600 間公寓、管理資金 3,960 萬美元、管理資產達 2.25 億美元，貸款共有 427 筆、融資貸款超過 5,100 百萬美元。由於這筆私人多戶聯貸投資擁有良好的業績紀錄，加上市場有在地的強大營運商，因而構成投資房地產的簡單管道，不需涉及傳統所有權的複雜操作。

成長心態

投資，總是要會見那些在最大交易流量中具有影響力的

＊ 直接投資房地產這類自己所擁有的特定契約財產，例如房子、公寓、移動屋園區、倉儲空間等。

人。在我的研究與新的投資決策過程中，找到合適機會並花時間與會這些人是很重要的一件事。

我剛剛參加了一個投資會議，遇到許多精明的投資人，並且也與多位在會議上發言的投資人和聯貸方建立聯繫。積極主動與你認為非常適合合作的人見面，就算你只是有興趣想多了解學習他們的專長，都是非常重要的。在他發言過後，我找到了這個聯貸方並建立關係，同時了解他的專業領域，並且做了一些研究，以確定我是否適合與他交易。

交易結構

以下是交易結構：

- 10％的優先報酬率
- 報酬按季支付
- 1.5 年本金返還（我也投資過 1 年返還本金的交易）
- 再融資收益按照 1.5 年的投資比例標記（由於稅務上的安排，所以全部免稅）
- 每年根據所擁有的權益百分比，永久支付股權
- 如果房地產出售，則可以獲得權益收入

- 長期升值
- 折舊轉嫁給投資人
- 1.5 年期的年平均報酬率為 41.35％

回顧這筆交易時，我想盡快收回本金，因為高報酬、低風險，很顯然對這個投資組合是個扎實的加分。

篩選過濾

學習如何篩選的祕訣，是花時間與聰明的投資人共處。這些聰明的投資人積極賺錢，不賠錢，而且手上有大量交易正在進行。這筆特別的投資交易，是出現在強勁市場上一個已經表現很好的增值專案，營運商想接手這個現有的房地產並做改善，進而收取更高的租金。

這處房地產目前的入住率超過 90％，在這個沒有太多競爭者的市場裡，需求顯得非常強勁。我喜歡這項交易的另一個原因是，可以很快收回本金並保有長期投資權益。

談判商議

私人多戶聯貸交易通常很難介入。我很努力排除萬難，與最好的普通合夥人和營運商建立關係，藉此參與他們的特殊交易。我的人際關係讓我可以優先一般人取得投資機會，並且帶些朋友一起投資。

除了投資，我還提供對方巨大的價值，藉此與這個特殊聯貸方（還有其他許多的聯貸方）建立好關係。由於這層關係，我和自己的關係網絡贏得了優先其他投資人的機會，可以參與未來所有的聯貸案件，無論是對我或自己的網絡成員都是巨大的福利。同時，我還為自己的團隊談判了優先條款，這也是我經常為許多投資人做的事情。

交易回顧

在這項特殊的房地產交易中，我獲得了優先報酬，每季可以拿到10%的優先報酬率，因此不到18個月我的本金就可以回本（最後，我的本金將近1年就已經回本）。一旦房地產進行了再融資，我不僅可以拿回本金，而且還獲得了按比例分配的再融資收益免稅優惠，即使本金返還時獲得超過

41％的報酬，我在這筆交易中仍然保有長期權益。事實上，我打算一直保有自己的權益，因為這支團隊喜歡購買並持有，所以我可以取得最佳收益。

我握有不必付錢就可以取得的權益，加上這些權益會繼續增值，所以我可以很快的收回投資的本金。更重要的是，我不必鎖住資金就可以獲得這些權益，而且現在還能產生一些現金流。在某個時間點，如果他們真的決定要出售，我也會按照比例出售。

第 11 章
金律五：立即創造現金流

> 「我是個重視現金流的人！如果它今天不能讓我賺錢，那
> 就忘了它！」
> —— 羅伯特・清崎（Robert Kiyosaki），《富爸爸，窮爸爸》
> （*Rich Dad, Poor Dad*）作者

　　想到移動屋園區，你腦海中出現的第一個畫面是什麼？
如果不是首先想到財富，那就繼續讀下去。

　　不久前，妻子叫醒我說：「你絕對不會相信發生了什麼
事！」就在剛剛，她接到父母的電話，告訴她一個可怕的消
息。特警隊的特殊單位穿著防護衣，出現在她位於南方中西
部家鄉的移動屋園區巡邏，因為有人通報園區裡有冰毒實驗
室。所有新聞、廣播，以及城市最大的日報頭版，都報導了
這則新聞。

　　我覺得好像肚子被人踢了一腳！因為我擁有這個移動屋
園區。然而我最不樂見的，就是負面的公關問題。

　　好消息是，經過警方與特警隊進一步調查，確定沒有

問題！根本沒有冰毒實驗室，也沒有發現任何毒品。壞消息是，後來新聞媒體不僅沒有收回先前的評論，也沒有再為調查結果做任何澄清報導。總而言之，眼前的情況看來就是木已成舟。幸好，還有其他的好消息，在接下來的 3 個月內，園區又增加了 5 名新的租戶。有句老話說：「任何公共關係都是好的公共關係，任何行銷都是好的行銷。」這回總算是應驗了！

我為什麼要告訴你這個故事呢？因為，有時候最好、最容易的收入，並且也是最簡單的交易，往往都不是那麼顯而易見！這個故事，說明我如何透過不動產投資賺進數百萬美元，答案就是投資移動屋園區。

另類房地產投資 —— 移動屋園區投資

你可能會認為，住在移動屋園區的人很複雜。但是，請你先聽我說完。移動屋園區是一項很棒的投資！第一個原因是，一旦你知道應該尋找什麼樣的投資標的，並且也精心設計了一項聰明的交易（也就是低首付、可以立即產生現金流的交易），就可以開始進行移動屋園區投資，而且你還可以進行賣方融資，根本不需要銀行。

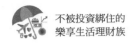
樂享生活理財族

用最少的投資，來獲得最大的報酬。

就我個人而言，第一個移動屋園區只花了 15％的首付 6.5 萬美元，就立刻帶來每個月 2,000 美元、全年總共 2.4 萬美元的淨收益。該資產第一年的現金報酬率（僅根據首付款中投資在交易裡的實際現金，所計算的報酬）為 36％；就此個案而言，就是改善房產與提高租金前的投資報酬。

我的第二個移動屋園區，也是與同一名賣家協商而來，15％的首付需要 7,500 萬美元，而且立刻帶來每個月 3,375 美元的收入，也就是每年 4.05 萬美元，相當於 56％的現金報酬率。

城市通常不希望有移動屋園區的存在，而且還經常試圖把它們改建為其他形式的房地產。美國只有 4.4 萬個移動屋園區，每年大約有 100 個被重新分區，改造成更有價值的房地產。意思就是說，它們算是一項有限資源。

由於移動屋園區屬於房地產租賃物業，適用國稅局允許的加速折舊資產類別，意味著你不需要為所有的獲利納稅。同時，你可以用房地產的最高上限利率來購買移動屋園區，

意味著可以用最低價格獲得最佳報酬，最重要的是，它們的風險還是最低的。除此之外，如果你需要找到融資方，移動屋園區還是所有房地產中違約率最低的資產，倘若賣方無法提供融資，你也可以很容易的透過傳統銀行取得貸款。

關於被動收入和美國國稅局

投資時你得記住一個有趣的事實：勞動收入是美國（與大多數國家）課稅最高的收入類別。換句話說，你從工作或生意所獲得的收入，相較於其他任何收入要繳更多稅。另一方面，被動收入是稅率最低的收入類別之一。通常，根據投資標的不同，有許多方法（包括折舊和扣除額）可以大幅減少被動收入的課稅，甚至可能讓你的被動收入完全免稅。

你知道，美國國稅局針對納稅人有個「被動投資人」的類別嗎？如果你沒有任何勞動收入，而且所有收入都來自投資，那麼你就適用這個身分。被動投資人實際上依法繳納的稅款比例是最低的。

大多數人將美國國稅局的稅法，看作是一堆告訴你「不能做什麼」的規則，其實如果你有研究稅法，它反而可以指引你在適當的激勵基礎上，進行政府希望你做的某些投資。我喜歡房地產（特別是房地產租賃）的其中一個原因，就是政府希望為公民提供足夠的住房。因此，政府藉由提供稅賦優惠，來激勵所有想投

資房地產的人。如果你是受僱工作者，就無法享受這些優惠。如果遵循稅法與政府希望運用收入的作為，你就可以省下很多錢，同時幫助自己的國家。

你的風險還可以進一步降低，因為你有多個承租戶，所以如果其中一兩個承租戶拖欠租金或被驅逐，你也不會像其他房地產投資人那樣感到痛苦，因為他們只擁有一名不付租金的承租戶。即使現有的承租戶遷出，由於移動屋園區的租金低廉且空間有限，所以也會很快的再被填滿。況且對大多數的承租戶而言，承租移動屋園區比承租公寓更好，因為可以占有一個院子、土地，享有更多生活空間，而且也沒有住在樓上或隔牆的鄰居。

許多移動屋園區的擁有者欠缺歷練，也欠缺現金，所以你可以很容易就接手！只要做些簡單與基本的改善來增加房地產的價值並提高租金，就可以坐收利益。對投資人而言，移動屋園區提供很好的「買入並持有」策略，而且很容易轉賣，特別是當你知道如何找到合適的買家。讓我來分析自己的另一個移動屋園區投資範例。

購買持有一年後快速轉賣

比較前兩個移動屋園區投資交易，我的第三個移動屋園區投資交易更大。我發現了這座移動屋園區並直接與業主洽談，原來業主先生與妻子正想退休。我們談妥這項房地產的價格為 96 萬美元；其中包含 28 間套房，以及一個大車間。我把交易分成了兩個部分，銀行為土地提供資金，房屋則是單獨出售後作為個人財產。銀行對這塊近 16,000 坪的土地估價 80 萬美元，首付 16 萬美元、利率為 4.5％，10 年期貸款、分 20 年攤還，我每個月要支付 4,000 美元。

接下來，我將 28 間套房的價格談成了非常合理的 15.5 萬美元，也就是每間價值在 1 萬～ 2 萬美元之間的房子，大約需要 5,535 美元。除此之外，我還協商出一份零首付的 10 年期債券，按 13 年分期償還，無息，每月還款金額只有 1,000 美元。

這就是讓人很興奮的地方！這項房地產立刻就產生了現金流，在進行一些初步改善與租金調漲過後，每個月的獲利達 1.4 萬美元。第一年年底，我的現金報酬率為 105％，總獲利 16.8 萬美元，而首付只有 16 萬美元。

一年零一天過後，我以 120 萬美元的價格出售了這項房地產，帶來 24 萬美元的獲利，加上第一年 16.8 萬美元的現

金報酬，一年的利潤總額達到了 40.8 萬美元。因為出售的時間定在一年零一天，所以可以避開短期資本利得稅，如果不到一年的時間出售，就必須按照普通所得稅率來納稅。長期資本利得稅可以降至 15％～ 20％，根據每個人的納稅級距而異。

利用延稅優勢規避資本利得稅

我有更多關於房地產投資的好消息。有種方法，可以將利潤再投資更多的房地產，藉此避開長期資本利得稅。這是名為「1031 交換」（1031 Exchange）的延稅金融工具，你可以利用它為自己創造優勢。我用賣出一個園區的收益，又買了兩個園區，並且使用相同模式讓每個月的現金流翻倍。

關於 1031 交換

1031 交換的得名，源自於美國國內稅法第 1031 節，允許投資人「推遲」繳納出售投資房地產時必須支付的資本利得稅，適用於利用出售第一個房地產的所得，去購買另一個「相類似的房

地產」的投資人。投資人可以不斷的利用這個策略，無限期的規避出售投資性房地產時必須繳納的資本利得稅。

在這個例子中，你可以學到兩個重要的課題。第一，**當你理解並結合了原則與金律，就可以增加利潤、降低風險。**你可以找到許多方法，來談判令人吃驚的交易，就像我在此個案這樣。

第二，你可以藉由我投資移動屋園區的相關作為，來教育自己如何投資移動屋園區。我花錢僱用了一位導師，他教我交易的技巧，以及如何構建一筆基本交易，隨著我的技能成長，我又更進一步延伸應用。不幸的是，我的導師忙於自己的生意，並沒有為我帶來任何我喜歡的交易。

現在，我的獅子客戶喜歡和我合作，因為我可以找到交易，幫助他們構建與談判這些交易，並且找到創意的方法來降低風險、增加現金流、快速返還本金，同時避免稅務問題。我決定開始指導別人！因為如果早在 20 年前我剛開始投資時，就有人可以和我分享這些策略和原則，我就可以自己更快建立更大、更有利可圖的投資組合。

你可能會想知道，如果我不必工作，為什麼還會對自己的獅子網絡如此熱情。事實上，我喜歡教導他人，也喜歡與

大家建立有意義的長期關係。最讓我感到興奮的事，就是可以指導別人實現財務獨立，這是世界上最美妙的感覺之一！在我的社群裡，我可以持續不斷體驗這樣的美妙感覺。

間接投資房地產 —— 私人房地產基金投資

上一章我討論了私人多戶聯貸投資，在這個例子中，我取得了直接擁有資產實體所有權的權益，目標是立即產生現金流。

現在，我要討論私人房地產基金投資。就像上個例子，許多人可能不知道這是個投資選項。房地產基金投資是間接投資房地產的例子，因為不是直接投資房地產，而是購買擁有許多房地產的基金或信託的股份。

投資房地產基金可以在股票交易所的公開市場進行，也可以使用房地產投資信託，但是我比較喜歡投資私人房地產基金，理由是價格波動更小，而且通常可以獲取更多現金流與更大總體報酬（我將在下一章，討論更多基金投資的細節）。

範例：投資私人房地產基金

我遇到一位營運商，他同時也是我參加的投資集團裡一名很出色投資分析師，我們真的一拍即合！有很多共同的朋友，大家都很尊敬他。而且他比我更善於分析，所以我們組成一支很棒的團隊。除此之外，由於他的分析結果與聲譽都很好，所以我也信任他的市場調查。我們開始一起分析投資，我們認為如果彼此各自喜歡某筆交易，而這筆交易也通過了我們的審查程序，那麼這就有可能是一筆不錯的投資。

這名營運商和我分享了他的一些交易，我同樣也和他分享了自己的交易心得。到目前為止，我們這種「人多智廣」的方法非常奏效！我們投資了許多私人房地產基金，涵蓋各種資產類別，並且也獲得令人振奮的報酬。

成長心態

身為房地產營運商，我投入了時間，並且學會成為強大營運商所需要的一切技能與知識。所以當我開始投資其他人營運的業務時，我知道自己要的是什麼。整體而言，我也是基金結構的忠實粉絲。

　　如果某基金擁有 100 項房地產，其中一項表現不佳，其實對整體報酬並不會有太大影響，因為其他 99 項房地產可能表現良好。然而，如果我直接投資單一項表現不佳的房地產，就有可能落入賠錢的下場。因此，投資基金是個極好的方法！不僅可以將風險降到最低，同時可以將投資分散到不同的地點、規模、資產類別，以及其他影響因素。

交易結構

　　多年來，我投資了以下各種條款的基金結構：

- 8%～ 10%優先報酬率
- 報酬按月分配（有時是按季分配）
- 15%～ 25%內部報酬率
- 2 ～ 3 年內本金返還
- 本金報酬後的利潤分配（每筆交易的利潤分配不盡相同，可能投資人分到 80%、基金經理分到 20%，或是投資人與基金經理各分 50%，這種分潤方式通常會寫成 80/20、70/30、60/40、50/50 做表示）
- 折舊是按比例轉移給投資人（對於金額可觀的利潤不

課稅。在一般情況下，加速折舊可以在一開始就提供
較大的稅賦減免額度，甚至可能不必納稅）

篩選過濾

我喜歡這種固定「按月」或「按季」分配的現金流。而
且基金也是投資房地產最安全的方式之一！因為基金坐擁許
多房地產，可以減少很多風險。關鍵在於我只投資那些「擁
有經得起長久考驗」的普通合夥人基金與本地營運商基金，
因為他們在經營特定類型的房地產方面，擁有多年豐富經驗
與成功交易紀錄。同時，我還會確認他們的財務狀況，可以
呼應市場交易熱絡，並且證明資產類別看漲。

我所投資的基金營運人，本身擁有豐富經驗與雄厚財務
實力，保守的為我分析如何獲得豐厚的報酬。對於那些嚴謹
選擇購買資產，並且專門投資於「不受經濟衰退影響」的資
產類別基金，也是我喜歡的投資選擇。

談判商議

即便是在投資基金時，我也常會對條款進行許多談判。
一些基金具有排他性，很難取得投資途徑，通常也會將最低
投資門檻設得很高。不過，這些都是可以談判的。我會根據
自己認定的合適投資金額，來協商壓低投資最低限額，而不
是根據基金所設定的「最低限額」來進行投資。

當我擁有一大批也想投資的夥伴時，我也喜歡透過談判
取得優惠條款，包括免除費用、取得更高的優先報酬，以及
提高利潤分配等。此外，我喜歡在新基金還未開放其他投資
人申購並被超額認購前，就先進行談判。下一章我會更詳細
的解釋，如何利用邊車協議來獲得優先條款。

交易回顧

為了立即創造現金流，你必須使用以上所有原則，特
別是在篩選階段審查交易時，不僅要檢視財務與資產類別，
而且要留意普通合夥人與操作交易的營運商，這一點非常重
要！成功的投資人都知道，擁有經驗豐富的普通合夥人與強
大的營運商，和擁有強大的財務實力同等重要，而且兩者缺

一不可！

　　除此之外，你也必須知道，**有時候最不明顯的，甚至是那些不受歡迎的投資，往往可以產生最佳的現金流**。移動屋園區與工業倉庫就是完美的例子！這些資產通常就是私人房地產基金的購買對象。乍看之下，它們可能沒什麼吸引力，甚至可能還是聽起來很奇怪的投資，然而它們通常只需要很少的首付，而且風險相對更小（特別是如果你買的標的夠便宜）。如果這些資產不是由機構所擁有，通常也是由業主提供融資，它們很容易改造，並且可以立即帶來現金流，甚至不需要做什麼改造。

　　在經濟波動起伏中，移動屋園區這類提供給低收入戶的住房，會是很棒的投資選擇。因為每個人都需要住所，無論是城鎮或都市，移動屋園區都是人們最能負擔得起的房子。同樣的，產業物流中心也是個很好的投資選擇！因為隨著電子商務蓬勃發展，產業物流中心的需求比起以往任何時期更大。最重要的是，因為這些投資的標的是房地產，所以你可以享有大量的稅賦優惠。聰明的投資人，只要擁有良好紀律，專注於這類資產投資，無論景氣好壞都能賺大錢！

第 12 章
金律六：尋找收入擴大的方法

「堅持你的決定，但是要保持靈活的方法。」

——托尼・羅賓斯，美國作家

「但是等等，還沒結束呢！」這就是電視購物創造出來，讓消費者無法抗拒的優惠手法。他們會提供多項獎勵，甚至可能以相同的價格加碼一項產品，同時還提供免運費。

如果你是傳統的投資人，每年可以獲得 8%～ 15%的利潤，你夠高興了吧？如果同時還有抵押品，保證你能拿回本金和利息呢？你肯定會欣喜若狂吧？幾乎是買一送一了。

在這一章，我要為你介紹收入擴大方法的概念，以及多個收入擴大方法堆疊在一起時，對投資人所產生的影響或作用。所謂的「收入擴大方法」，指的是可以幫助你提高投資報酬的技術或談判條款。構建交易條款的方法琳瑯滿目，你取得愈多收入擴大方法，投資報酬應該也愈高。

不過，在討論收入擴大方法之前，我想先談談新手投資人（甚至是經驗豐富的投資人）的錯誤信念。他們總是認為

條款就是條款，然而大多數時候，情況卻不是如此。

任何條款都可以談判

無論是自己投資，還是帶投資人一起參與交易，我總是喜歡在拿到條款後回頭談判一些不同的內容，好讓投資效益更佳。某些情況下，團隊可以帶來更大的影響力、槓桿作用、談判力量，提供助力幫忙我談判更好的條件。

使用各種投資收入擴大方法

有許多投資收入擴大方法可利用，然而傳統投資人卻很少使用。以下是我最常使用的收入擴大方法。

- 談判優先條款 —— 改善投資經濟效益的條款。
- 附帶協議 —— 事先商議好優先條款裡的附錄或協議。
- 共同投資機會 —— 在基金以外，與基金經理人一起投資某項特定交易的機會。
- 參與條件 —— 債權義務所附加的權利或權證等內容，

目的是讓交易更受潛在的投資人青睞。

- 認股權證 —— 選擇權的一種。賦予人們權利，可以在證券（通常是股票）到期日前，以特定價格做買賣。

- 收入分成 —— 支付給投資人的收入百分比，通常按月分配。

- 優先清算權（Liquidation Preference）—— 合約裡規定公司出售或清算時，收益支付順序的條款。一般情況下，公司債權持有人會比特別股股東優先拿回自己的錢。如果公司清算，特別股股東會比普通股股東優先拿回錢。

- 諮詢股份（Advisory Shares）—— 商業顧問通常會以自己為公司所提供的服務，來換取普通股選擇權的報酬，並且可能因此取得公司股權。

除了這份表列清單，以下更詳細的解釋了其他三個值得特別注意的內容：

- 債權投資（Debt Investment）—— 以貸款（而非直接股權）所進行的投資。債權投資不同於股權投資，可以拿回投資的本金和利息。股權投資可能不會有本金報酬，就算有本金報酬（加上貸款談判，可能取得一

些額外收入），時間也會拖更長。

- 加速分配計畫（Accelerated Distribution Schedule）
  ——以直接股權形式（而非貸款）所進行的投資，
  還款計畫更快。相較於運營協議中的股權分割標準分
  配時間表，加速分配計畫可以更快收回初始投資。

- 利潤分紅（Profits Interest）——以公司未來價值為基
  礎下，將股權授予為合夥企業提供服務的個人，可以
  從中獲得一定比例的利潤，而且不必出資。就稅務觀
  點而言，通常利潤分紅比股權更好，因為它在持有期
  間不會產生稅賦。當利潤分紅要課稅時，是被課徵長
  期資本利得稅，而非短期資本利得稅。短期資本利得
  與認股權證的課稅方式相同，都會像普通收入被課稅。

- 種子輪（Seed Round）投資——公司創設初期的第一
  輪集資。在公司開始營業獲利，並且顯現可以持續經
  營的跡象之前，投資人會投資一定數量股權，希望公
  司成功。這時候，如果公司的流動性出問題，投資人
  所拿到的錢就會是「投資當時的公司價值」與「公司
  流動性出問題當時的公司價值」的倍數。就許多種子
  輪投資的交易而言，由於大多數公司最終都沒有出現
  讓人期待的流動性問題，而且也都發不出資金，所以
  投資人可能就再也見不到自己的錢了。

　　我更樂於用不同方式，來構建初期投資。具體來說，就是把它變成債權投資，當作是對公司的貸款，而非直接的股權投資。然後，除了債權結構，我還可以透過談判的方式，來取得較小比例的股權或認股權證，把它當成是立即獲利的條件。這麼一來，額外的股權或認股權證形同是免費參與條件，完全不花錢！

　　認股權證是一種選擇權，可以根據公司當前的估值，以事前認定的執行價格來購買公司的股票，如果這間公司的價值顯著上升，那麼就可以在未來的某個時間點行使權利。認股權證與股權類似，兩者都是當公司清算時可以擁有的優先權利，亦即可以透過事前的建構或安排，以便在公司出售時優先股權持有人甚至是債權人，更早取得優先償付。

　　所以，**與其直接投資長時間都不會獲得報酬的公司股權，你可以投資像這樣有加速分配計畫的股權，以快速收回本金**，或是透過股權附帶協定取得融資，立即獲得更好的報酬和現金流，並且更快從交易中收回本金。此外，由於擁有股權參與條件，所以還可以享有公司增值的好處。

　　我最近投資了著名的公司 The Franklin Mint，這間公司透過電視、網路、郵購目錄、雜誌等通路，來出售硬幣。我在金律三「找出潛在交易機會」，曾經提及 Dressbarn 是間沒有與時俱進的公司，因為沒有快速轉型電子商務，導致公

司營運陷入僵局。The Franklin Mint 也發生了類似情況。

我所參與的投資聯貸組織，聚集成員談判了一個簡單易懂，但是卻不常見的投資結構，如實體現了「但是等等，還沒結束呢！」的交易手法。投資聯貸團的成員決定改變現狀，打破我經常談判的 15％～ 20％利息，議定將每月總銷售額的 10％當作權利金（這個細節在後來更顯重要），最重要的是又加進幾個收入擴大方法，條列敘述於下：

- 談判每月總銷售額分配。
- 以價值超過 1 億美元的控股公司來談判抵押品，消除下行風險，倘若投資失敗，該控股公司的價值也遠大於購買 The Franklin Mint 這項相對較小的投資。如此一來，便能擁有許多保護措施避免賠錢。在這個例子，抵押品的價值超過購買 The Franklin Mint 價格的 20 倍。
- 談判投資本金的 20％做為現金紅利，在 3 年期債券到期時發放。
- 加入參與條件，每 100 萬美元的投資可以獲得 6％的股權。實際拿到的股權是免費取得的，而且投入資金也不是用於購買股權。這麼多的股權做為參與條件令人難以置信。因為一般情況下，即使有參與條件，也

不會如此優惠。

- 本金報酬率的總額上限為兩倍（100％投資報酬率）。這是我們投資的這家集團所要求的。他們向我們保證，投資本金最長 3 年就可以翻倍，實際上我們預計，只需 1 ～ 2 年的時間就可以翻倍。雖然這個上限條款保護了我們所投資的這家集團，但是對我的投資集團而言，就短期投資來說報酬也算是不錯了。

針對這項交易的運作方式與預期收益，以下讓我來做詳細分析（假設你是投資人）：

	現金	股權	權利金	現金紅利
你的投資：	100 萬美元	6％	10％	20％
扣除權利金後，你獲得：	200 萬美元			
經過 3 年後，你獲得：				20 萬美元
總報酬你獲得：	220 萬美元			

如果這項投資需要 3 年的時間回本，才能達到本金的兩倍報酬率加上 20％的紅利，那麼每年的報酬率就是 40％，3 年的總報酬率為 120％。如果只花 2 年時間，那麼每年的報

酬率將達到 60 ％。無論 2 年或 3 年，就合約內容來看，這筆交易都有很大的利益，幾乎沒有風險。

　　我最喜歡的交易結構，就是像這樣的「風險與報酬不對稱」交易，意味著投資的下行風險得到保護，就算損失也不會太多，而且上行空間還有可能呈指數成長。

　　當我把多筆像這樣的交易堆疊在一起，投資這件事就變得非常令人興奮！如果因為某些原因導致其中一筆交易失敗，我還會有其他表現很好的交易可以帶來很大的報酬，讓投資成果遙遙領先。實際上，我喜歡設計交易結構，這樣即使 5 筆交易失敗了，只要其中有 1 筆交易按計畫達標，我仍然可以從中獲利。

　　這筆交易，只是用來說明我如何構建交易的一個例子；目的是要創造巨額的長期報酬，並且在投資期間產生強大的現金流。很顯然的，目標是要以更多投資來產生高額的報酬，同時保護每項投資免於風險。就這個例子而言，5 筆交易同時失利的可能性微乎其微，因為我喜歡對自己的所有投資進行談判，以取得高度的風險保護。

利用邊車協議優化投資條件

接下來，我想向你們介紹邊車協議，同時說明如何做為收入擴大的方法，並且加入自己的投資工具包。事實上，邊車協議是一份條款清單，它提供了一套單獨的強化條款，相較於傳統投資人可以取得更好的條件。

我經常使用邊車協議，保障自己在投資時可以獲得優先待遇。如果我是和一群投資人一起投資，我也會確保他們可以拿到和我一樣的優惠條款。

以下是我如何堆疊邊車協議的做法：

1. **為目前的投資談判優惠條件**：如果和我的獅子網絡一起投資，我就會代表整個團體和對方談判。這些優先條款，包括管理費用或行政費用（或其他費用）的折扣、附帶權益折扣（將部分利潤分享給投資經理做為補償）、增加優先報酬或利息撥付、增加利潤分割，甚至是降低最低投資金額。有時候，這些優先條款包括提高最低預期報酬率（投資要求的最低報酬率）。在這個階段，我最關注的是談判條款，必須可以提高我的報酬，讓我在投資的基礎上，可以安心用這筆錢來進行投資。

2. **對所有投資做談判，以取得優惠和先發優勢的機會：** 由於我希望在許多交易中盡可能都成為第一個賺錢的人，同時保有相同的優惠，所以我會談判，希望在未來的交易都能取得第一投資權。這麼一來，我就可以捷足先登獲得所有投資機會，並且不設限每項投資的參與程度。

3. **經常談判優先條款，以取得共同參與其他投資的機會：** 假設我投資了一檔基金，這檔基金有額外投資，但是不符合標準，或是單一投資的規模過大，這時候我會談判一份附加協議，以便可以在日後的交易參與共同投資，取得比第一份邊車協議更好的優惠條款。這些共同投資通常非常有限，而且一開始就很難進入，只要我可以拿到手，就能擁有更好的優先條款。

關於最後的共同投資，我會更詳細的做解釋。在這之前，我想確認你了解談判優先條款。任何投資你都可以利用談判優先條款的方式，來增加自己的收入，無論是直接投資或基金投資，都可以運用邊車協議來擴大交易優先條款。

投資共同投資基金，賺取更多收入

我已經深入討論了直接投資。在這裡，我要花些時間來談基金投資，以及擴大這些投資的方法。

就個人而言，我喜歡投資基金。基金是相同投資類別裡許多不同投資項目的集合。對精明的投資人而言，與其只持有一項投資，基金可以降低一些風險。就一檔基金而言，如果其中一項投資失敗了也無妨，因為其他表現良好的投資成績會超過那筆失敗的投資，使得該基金的整體報酬仍然表現強勁。在同一檔基金裡，好壞投資可以相互抵消，不像直接投資，萬一失敗，結果就是完全虧損。

現在，讓我們來看看這個例子。有時候，如果你和正確的人進行了正確的基金交易，你可以談判出一份邊車協議。你可能投資擁有所有交易的基金，也可能投資某一項你非常喜歡的一次性交易。也許你非常了解整個市場或該基金的營運商，或是你有某種優勢或洞察力，知道這個特定的交易是個很好的機會。抑或是你有機會獲得某項特定投資的股權或權證。

樂享生活理財族

如果可以更聰明的工作並購買資產，那麼我就能賺更多。

在這樣的情況下，你可以進行共同投資，就個別投資談判優先條款。相較於只投資基金，你的整體投資可以獲得更好的報酬，因為你已經投資了基金，而且也涉入了該筆交易，所以你會想要比基金更多的報酬。這麼一來，當你看到一筆確定很有把握的交易時，就可以談判取得優先條款，或是使用一份已經就某項投資事前談判過優先條款的邊車協議。透過這樣的方式，你就可以參與一些普通合夥人的交易，以獲得更好的投資報酬（可能包括股權、認股權證，或是整體更多的利息分配與費用減免等優先報酬）。

用隱形的錢來賺錢

在投資領域，幻影收入（Phantom Income）是指從「根本不存在的資金」賺取報酬的能力。其中一個例子就是，你可能會看到某出租房屋，從當年度到下個年度，或是經過更

長一段時間後的增值。《富爸爸‧窮爸爸》（*Rich Dad Poor Dad*）的作者羅伯特‧清崎（Robert Kiyosaki），談到你可以向房客收取租金付清抵押貸款，這樣的幻影收入可以減少債務，並且增加資產價值。一旦還清債務，便會增加現金流，這是另一種幻影收入。除此之外，當資產折舊的同時還有來自這些資產的收入時，你又創造了幻影收入，因為利潤比繳納的稅要多。

幻影收入的最大好處是，如果你用對方法，就可以從「根本不存在的金錢」持續獲取報酬。每種創造幻影收入的方法都各有優點和缺點，取決於實際情況。對於樂享生活理財族而言，我想討論的幻影收入是將獨特的策略應用在特殊的終身保險產品，為投資帶來更多利益和用途。

有一種方法，可以創造特別精心製作的終身保單，一開始便可以透過創意的方式獲得最大額度的資金，然後隨著時間的經過創造巨額的報酬，因為其複利是免稅的。市面上大多數你會購買的人壽保險產品，無法產生我所描述的效益。許多人壽保險代理人，甚至還不知道如何設計我所使用的保單。我使用的保單結構，是一位保險領域專家特製的終身保單，投資的成效表現就像是服用了類固醇般的立即見效。這位壽險專家必須添增額外附加條款，讓保單表現得超乎預期更好，同時對客戶最有利。也就是在支付代理人較低佣金的

同時，現金價值還會加速成長並產生複利。（現金價值是指透過保費支付方式，投入保單的投資金額。）

例如，大多數人不知道他們可以在終身壽險保單中取得資金，實際上他們可以將此做為抵押借錢，最終再將這筆錢用於其他投資。換句話說，終身壽險保單中的錢仍然是有報酬的，因為借錢並不是真的取出錢，而是利用這筆錢來做貸款，然後這筆貸款又可以投資另一筆交易，進而獲取報酬。也就是說，可以用同一筆錢獲得兩種報酬。雖然可以從終生壽險保單獲得分息，但是大多數情況下，因為這種保單有保證的最低報酬，所以也可以投資另一項可以產生報酬的交易，然後從一筆資金裡賺取現金流和潛在權益。

為了將報酬擴大，如果他們遵循我的金律四「盡快拿回本金」，就可以在第二次投資裡保有股權，然後利用同樣的資金再次投資另一筆交易，進而獲得第三次報酬。在這種情況下，他們可以賺到報酬，同時在 3 個獨立的投資項目中累積股權，而且所有的投資，都是使用同一筆資本。

這個幻影收入的例子，也是部分準備金貸款（Fractional Reserve Lending）的例子，就像銀行的做法，拿走你的存款後只保留其中一小部分，然後把剩餘部分貸出去（通常是用同樣的錢，貸出去 10 次）。這感覺幾乎不可能！然而確實這就是銀行的工作。他們將你的存款很大一部分投資於

高風險的衍生性商品（Derivatives）或稱高風險衍生性商品
（High-Risk Derivatives），這也是導致 2008 年市場崩盤的
原因。因此在我的例子中，我利用同樣的資本獲得 3 種投資
報酬，我可以像銀行這麼做，只是規模小得多，投資工具也
相對更安全。

　　在前面的例子，我利用幻影收入從交易中獲得所有的
錢。我在第一次投資中獲得了利潤，同時擁有股權和現金
流，就好像這些錢還在交易中一樣。就本質上來說，我可以
像銀行這樣，使用非常安全的方式，依照我要的條件擁有自
己的投資組合，並且實現想要的利益。你也可以這樣做。

　　在金律七「優化交易」，我分享了一個真實的例
子，說明我如何利用自己的終身壽險保單，經由套利
（Arbitrage）、股權、投資收益等組合，同時在兩個地方獲
得報酬。

範例：投資知名上市零售品牌企業

　　在金律三「找出潛在交易機會」，我詳細分析了 Dressbarn
的投資交易，但是這裡我想透過更多細節來告訴你收入擴大方法
的策略運作，以及如何將聯繫或關係轉變成超級有利可圖的現金
流投資。

成長心態

我和另一位投資人參加了一場會議，我們成了朋友，並且分享自己的人際網絡。他讓我接觸到一些知名的投資人與企業家，而我也為他做了相同的事情。這筆交易攸關在正確的時間認識正確的人，因為只有少數人有機會參與這項投資。我之所以喜歡這項投資，是因為可以很快收回投資本金，而且這間公司第一年倒閉的機率很小。即使公司在第二年倒閉了，我也可以把所有錢從這筆交易裡取回。我也相信，這個行業的未來是要擴大網路零售品牌，收掉實體零售店。

交易結構

以下是這筆交易的結構：

* 1 年期票據
* 20%利息
* 按月分發
* 1 年到期，期末整付 —— 全額償還投資本金

- 將我的部分或全部票據再延長 2 年的選擇權，利率同樣維持 20％，票據到期結束時可以獲得 15％現金紅利，並且額外獲得 10％保證權益參與條件。
- 當時間允許我評估公司與投資的進展時，可以選擇將我的部分或全部票據轉換為股權。
- 每投資 100 萬美元，可以獲得 3％的股權參與條件
- 以智慧財產權做為抵押，其價值遠高於投資

篩選過濾

這個例子是一項傳統資產，以低價出售一個知名的品牌。營運者們都是備受矚目的人物，他們無力承受交易失敗，也無法接受自己崇高的聲譽受損。但是他們有財力，可以彌補任何可能出現的問題。這筆投資以 Dressbarn 的智慧財產權做為抵押，包括品牌名稱本身，以及將近 800 萬名客戶名單。

談判商議

　　雙方就幾項條款進行了談判，包括如果業務表現良好，就可以協商將智慧財產權做為擔保的抵押品，貸款期限也可以延長至 1 年以上。除此之外，我名列第一順位，在未來可以投資母公司所擁有的任何不良資產。也就是說，我可以投資他們的每一類資產，使我的持有部位更多元，藉此建立一個由不良品牌（這些品牌都是在網路上展業，不屬於零售商店）所組成的投資組合。

　　大多數的投資，都沒有這些額外的好處。這筆交易的最大亮點，就是免費股權。一旦投資本金得到還本，投資人很少會保留公司的股權。除此之外，由於股權參與要支付的股本數額非常高，所以在一般情況下，股權參與要少得多（甚至不存在股權參與）。

交易回顧

　　我的獅子網絡以極低的價格，購買了一個幾乎擁有 60 年歷史的高品質品牌；如果發生了問題，我們可以賣掉它，立即拿到錢。由於我們把交易條件談得很好，同時間還有好

幾組團體出價想購買這項資產，甚至其中還有團體的出價遠
超過我們的報價（比我們的報價超出數百萬美元）。然而，
母公司 Ascena Retail Group 卻最喜歡我們的時間表與團隊。
除此之外，這間公司在第一年票據到期，必須全額支付時的
倒閉可能性幾乎為零。最後，我們收回了全部投資，保留了
免費股權，並且隨著營運團隊繼續擴大電子商務規模，我們
也可以參與公司的成長。

第 13 章
金律七：優化交易

> 「不要自我設限！夢想愈多，走得愈遠。」
>
> ── 麥可・費爾普斯（Michael Phelps），
>
> 美國男子游泳運動員

前一章，我用「但是等等，還沒結束呢！」做開頭，告訴你每個收入擴大方法都可以為投資帶來額外利益。現在，我要讓你看看，如何用非常便宜且安全的錢來資助交易並取得額外利益。在市場行銷領域，這種策略稱為「讓利賣錢」。

章末最後的重點，討論了如何將「收入擴大方法」談判成為交易的一部分，這確實是增加投資報酬的好方法。就技術而言，就算沒有任何收入擴大方法，你也可以進行很好的投資，但是我的大多數投資，至少會包含一個收入擴大方法（通常是很多個收入擴大方法）。

本章的重點，是介紹另一輪的額外談判，這些談判，可能以額外的收入擴大方法形式出現，或是以額外的風險保護

形式出現，通常兩者並存。這些額外條件可能在談判一開始就有了，也可能在簽訂投資合約的最後幾個小時突然出現。

簽約才算交易完成

你以為談判了交易，一切就已經就位嗎？其實，**交易往往是簽約後才算完成。在簽約之前，你仍然有保有空間，可以改善整體的投資條件。**我不會像一般人這樣看待交易，但是只要有機會，就想多加利用。如果我看到一間公司有能力做出更多讓步，或是在第一輪談判中尚未想到要提出任何要求，那麼我會先發制人，毫不猶豫的提出討論。不過，對方很可能會拒絕。

當我詢問他們的想法時，常常發現對方並不是真的需要籌募資金，而是僅僅正在進行攻防戰，試圖讓自己取得領先地位，因此他們不接受進一步的談判。但是在一般情況下，我都是在對方處於困境狀態（或至少處於更緊急的狀態）時出手投資，因為他們籌募資金需要時間，所以這個時候會比較有意願做讓步。

我會不斷的進行談判，直到對條款感覺滿意，並且感覺已經適當的把風險降至最小，甚至完全消弭。

買一送一外加零風險的交易

我要給你一個「買一送一外加零風險」的交易，以下就是它的運作原理。我使用特別設計過的終身壽險保單（與現有保單截然不同），來為自己的投資提供資金，就像銀行的業務運作模式，但是可以享有更好的條款，如同我在前一章所討論的那樣。我使用相同的銀行替代策略，利用自己的終身壽險來取得貸款，以同一筆錢獲取多重報酬。

我用這個策略，投資了 Dressbarn，以及我的獅子網絡所購買的其他零售品牌。到目前為止，所有我購買的移動屋園區、我投資的營運公司（這部分我會在本章末與下一章詳細做說明），以及許多其他投資，也都是採用這個策略。

注意，不是所有的保險代理人都是一樣，也不是所有的壽險保單都相同，而且也並非所有的壽險公司都能提供我所描述的服務。

你要找的壽險公司，必須是採用非直接認列（Non-Direct Recognition）配息結構的公司，意思就是，無論你有沒有利用保單取得貸款，公司都會付給你相同的配息。大多數保險公司使用的是直接認列結構的配息方式，所以當你用保單融資時，他們會支付給你較少的配息。如果你可以賺到足夠報酬，並且創造套利空間，這當然是好事一樁，但是相

201

較於採用非直接認列的壽險公司，套利空間遠遠不足。對於那些採用直接認列結構的壽險公司，如果你要用保單融資，可能最後會演變成負套利的結果，讓你在交易中賠錢。所以，務必慎選壽險公司。

許多人都是因為人壽保險的死亡保險金，而付錢買保險，希望在自己去世後能為受益人帶來一些收入。然而，一份精心設計的終生保單卻能提供許多可利用的生活福利。事實上，人壽保險是現存唯一最好的資產保護結構。人們可能認為信託才是最好的方法，但是如果回顧所有的歷史判例法，很明顯的人壽保險才是保護個人資產不受債權人侵害的唯一最好方法。

此外，人壽保險也是一種工具，可以讓你的錢在免稅的情況下成長，並且在退休後取得免稅給付（更不用說，你還為自己的繼承人提供免稅的死亡撫卹金）。你可以透過表現最好的壽險公司購買一份保險，每年支付約 6.5％配息，保證最低報酬率通常為 4％，頂級的保險公司目前所支付配息為 5％～7％，在減去人壽保險相關成本後，總內部報酬率通常支付 4％～6％。

這些人壽保險的報酬是實際報酬率，而不是平均報酬率，所以與其他承諾 10％平均報酬的投資不同（好比財務顧問在股票市場上推銷一項投資）。這是實際報酬率，也是

真實的投資績效表現數字，而不是被操弄的數字，而且收益就是收益，指的是年復一年可以拿到的報酬。

回到買一送一的話題。如果你發現了很棒的投資機會，就像我在這本書中描述的那樣，那麼你可以用你的保單做為擔保品來融資，以取得靈活的付款條件，利率約 5％。如果遭遇財務困難，實際上你可以選擇不償還貸款，而且保單仍然持續有效，只是不如償還貸款的效果好罷了！無論你何時去世，保險公司都會從死亡撫恤金裡扣除貸款金額，這麼一來也就不用擔心會成為受益人的負擔了。

善用套利策略為交易加分

讓我提供你一個實例，告訴你我如何採用套利策略為交易加分。我第一次購買移動屋園區時，就是動用了自己的終身壽險保單。首先，我將投資移動屋園區的這筆錢拿來購買自己的終身壽險保單，然後再利用保單取得貸款，最後投資移動屋園區。結果呢？我用同一筆錢賺到兩種報酬。如果可以賺到兩種報酬，為什麼只賺一種呢？更何況，其中一種報酬還保證賺錢呢！

大多數的終身壽險保單都有最低保證報酬，但是許多保

單的配息都比這個最低報酬更高。每年保險公司都會評估投資表現，並且比較最低保證報酬與配息，以較高者做為支付金額。然而這種配息的獨特之處在於，它實際上被認為是資本報酬，而不是通常需要被課稅的分配，因此是不用繳稅的。

我第一次投資移動屋園區的第一年，賺到了36％現金報酬率，同樣這筆錢也讓我賺到了6.5％終身壽險保單配息；因為我支付移動屋園區的首付，就是用保險質押所取得的貸款。誠如之前提到的，因為人壽保險是有成本的，所以讓我們用6％內部報酬率來衡量與支付6.5％配息的相關成本。整體而言，我總共獲得了42％（即36％＋6％）的資本報酬，我把這筆錢拿來償還用終身壽險保單取得的貸款，然後重複這個過程繼續進行下一個移動屋園區投資。

第二筆交易讓我獲得了54％現金報酬，如果再加上終身壽險保單所賺得的6％內部報酬率，總報酬率達到60％。

我們要尋找的，是可以實現免稅成長的投資，這是目前最好的資金成長方式。相較於其他任何工具，這些工具可以讓你的錢更快速的複利成長。沒有任何要件可以打斷複利成長，所以這些報酬具有最強勁的成長速度。這兩個例子的報酬都是免稅的。由於我可以把移動屋園區當作資產攤提折舊，所以它的利潤成長同樣也是免稅。

注意：這些免稅的成長工具並不多，而且大多數存在

的工具，政府所附加的限制也較低，例如個人退休帳戶羅斯 IRA、退休福利計畫 401(k)。

這筆貸款有個小成本，接下來我會解釋我的理由。

首先讓我告訴你，有些貸款機構專門從事貸款比例低於人壽保險公司的業務。他們會把你的保單當作貸款的抵押品，就像你的人壽保險公司所做的事一樣，當你動用融資時，會讓你省下額外的幾個百分點。因此，你不必透過保險公司來取得貸款，反而可以透過專門從事保單質押的貸款機構來取得融資。同時，你也可以選擇固定利率或可變利率。

對於我剛才闡述的這筆交易，當時的固定利率是 4％，可變利率只有 3％，所以我選擇了可變利率貸款。那是我可以找到的最便宜資金，而且有相當長一段時間，我都沒有看到利率上升（當利率上升時，我可以改為固定利率）。因此，我沒有向壽險保險公司支付 5％貸款利率，而是只向這家專業貸款機構支付 3％利息，因此節省了 2％利息。此外，我還可以靈活的支付只需要支付利息的款項，因而創造了可以產生大量現金流的絕佳機會。

讓我來說明這個交易如何進行，這麼一來你就可以知道自己如何操作套利。假設你投資了一筆可以獲得 20％利息的交易，就像我在本書說明的其中一種投資，同時採用了我分享的金律、收入擴大方法，以及參與條件。你用壽險保單質

押取得貸款來進行投資，目前產生 6％內部報酬率。你為這筆貸款支付的利息只有 3％，所以你的總報酬率就會是 23％（20％ + 6％ - 3％ = 23％）。

讓我們回到第一個例子，也就是我第一次投資的移動屋園區。這筆投資產生了 36％現金報酬率，加上終身壽險保單所產生的 6％內部報酬率，並且扣除 3％利息，你就獲得 39％總報酬率。這是沒有風險的免費資金；即使是在最壞的情況下，所產生的風險也是極低。

以下是我個人的真實案例，包括投資終身壽險保單、借錢，並且將該貸款投資於移動屋園區等過程所產生的真實數字。這筆交易既是套利，同時也是槓桿操作，讓我的錢在兩個地方生利，總共獲得兩次利益。

關於這個一目了然的交易

65,000 美元終身壽險保單的 6％內部報酬 = 3,900 美元

利用我的 65,000 美元終身壽險保單貸款所獲得的 36％現金報酬
= 23,400 美元

65,000 美元貸款的 3％利息 = 1,950 美元

3,900 美元 + 23,400 美元 - 1,950 美元

= 25,350 美元淨利潤

= 39％總報酬率

如果你無法投保（因為健康狀況不佳或其他情況），使得你必須為自己的人壽保險付出更高代價，這個時候該怎麼辦呢？你可以為任何「與你有保險利益關係的人」購買人壽保險，例如家庭成員、員工，或是任何與你有工作關係的人 *。因為倘若他們發生了什麼事，你會因此受影響。

下面的例子，展示了幾種「優化交易」方法。我在其中添加了額外的收入擴大方法，同時消弭了與這項投資的相關風險。

範例：投資健身特許經營公司

Orangetheory Fitness 是一間大受歡迎，並且經營得相當成功的健身特許經營公司，僅在美國就擁有 1,300 多家門市，經常在開門營業之前就已經被預訂滿額。這家特許經營店的利潤率是所有特許經營店裡最高的，但是現在幾乎不可能買得到經營權了，因為市場的需求太過殷切，而且現有的業主與區域代表們也擁有優先權利可以拒絕開設新據點。

---

* 台灣《保險法》第 16、17 條也有類似規範。規定要保人與被保險之間必須有「保險利益」關係，保險契約才能順利成立。

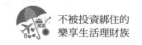
　　無論何時，其他特許經營店也可能出現類似情形。面對市場的高需求，業者又已經擁有成功紀錄、低風險、高獲利等能力，現有的經營者可能面臨信貸能力不足的問題，但是卻有機會獲得大眾無法取得的交易。這時候，對於可以取得信貸或現金的投資人而言，將會是千載難逢的入場機會。

　　就我而言，這是個很好的機會的開始！我可以用投資人的身分，參與兩家營運商的投資，因為這兩家營運商沒有足夠的信貸能力，但是願意投入人力資本。像這樣的投資機會，會涉及認識合適的人並建立牢固關係，因此我會定期聯繫這些關鍵人物，經年累月與他們保持聯絡。

　　我選擇和一對夫婦簽訂這個特殊的協定，他們過去曾經與我合作，雙方關係很好。他們發現有機會經由自己認識的人來投資這個組織，以彌補自己沒有足夠的資金開啟這個管道的遺憾。我有榮幸，可以為這兩位精明商場專家的首次創業提供建議，而且彼此都很高興可以合作。他們知道我會是很好的資本合夥人，因為我不僅擁有他們需要的投資資金，而且還可以利用多年來直接投資其他營運公司的經驗，為他們提供建議。

樂享生活理財族

> 經由談判，每個人都可以得到自己想要的東西，並且因此
> 成為贏家。這是合作，不是競爭。

　　我們為對方創造了奇妙的雙贏局面，並且從當地一家
銀行獲得了小型商業貸款（Small Business Administration,
SBA），用來支應 16％的首付。

成長心態

　　我一直想利用一個強大的品牌，來進入特許經營領域。
我想取得 Orangetheory Fitness 的特許經營，已經很長一段
時間了，但是由於市場需求很高，幾乎不可能從他們那裡得
到許可證。因此，獲得許可證的唯一方法，就是透過想要銷
售的第二方取得。我有幾位朋友都是這支成功經營團隊的業
主。我認識一些人，可以幫忙我取得許可證，並且接觸有力
的營運商，一起負責經營與擴大業務。除此之外，私募股
權公司可以用極具吸引力的價格，大規模收購 Orangetheory

Fitness 的特許經營店，我也喜歡已經內建具吸引力退出策略
的投資。

交易結構

以下是我為這筆交易所規畫的結構：

- 首付 12 萬美元的股權投資
- 33％公司股權
- 67％加速分配計畫，直到貸款還清
- 初始股權投資 12 萬美元，一年內償還
- 支付 35,000 美元的額外現金紅利，給那些提供 20％
  個人擔保，以協助取得小型商業貸款的參與者

篩選過濾

這個特殊品牌，過去的歷史紀錄無可挑剔！當時還沒有
任何特許經營商倒閉，而且這間公司是美國（甚至是全球）
成長最快速的品牌之一。除此之外，為該特許經營所創設的
系統（以及已經存在的系統）方便業主可以自動化重複運

作，進而積極擴展更多業務。我從合夥人那裡得到的條件非
常好：低風險、高報酬、每個月獲得現金流支付，以及一個
加速分配時間表，這些條件讓我可以迅速拿回自己的資金，
再進行其他投資。

談判商議

我從一個少數股權的位置，經由談判成為一個平等的
合作夥伴，我貢獻出更多的資本，卻不必承擔更多的工作。
為了更快拿回投資資金，我談判了一個加速分配的時間表，
每個月有三分之二的錢分配給我，直到拿回全部的投資。我
同意以少數股權身分提供銀行個人擔保，藉此取得額外的現
金紅利挹注加速分配計畫。最終，我只是提供 20％個人擔
保來支持這筆貸款，因為我可以與銀行談判這筆貸款的總額
（儘管我是這筆交易的平等合作夥伴，而且淨資產比兩位合
作夥伴更多）。

交易回顧

這筆交易，是樂享生活理財族的完美例子。你的錢就

可以為你生利，不需要親自經營或投入時間，**讓你可以保留最珍貴的時間資源，然後每個月可以獲得現金分配、長期股權**，為未來的大規模退場與額外特許經營提供絕佳機會。對於這樣的投資，唯一風險就是特許經營權本身會出現一些有損品牌形象的重大負面新聞，或是在當前的經濟環境變化中遭逢巨大打擊（就在我寫這本書時，我們正處於 2020 年新冠肺炎居家措施中期），儘管如此，它仍然還是有利可圖，因為擁有強大的商業模式和品牌。

最近，我和這兩位業務合作夥伴，又一起投資購買了另一家營運公司，位置非常接近我們的 Orangetheory Fitness。由於工作非常愉快，所以想要一起擴大我們的投資組合，於是我又再一次成為資本合夥人。Orangetheory Fitness 特許經營權的兩名合夥人之一，已經開始負責經營新的業務，至於另一名合作夥伴，則是繼續經營我們的 Orangetheory Fitness 工作室。

這是一筆很好的投資，有著強大的財務彼盾、堅強的品牌實力、絕佳的地理位置、優秀的營運人員。不過，我也找到了一些「優化交易」的方法！因為我運用了加速分配計畫使總收益翻轉，所以在擁有特許經營權的第一年，投資本金很快就拿回來了。接著，我和合作夥伴又利用特許經營的利潤，購買了另一間現金流比 Orangetheory Fitness 更好的企

業。除此之外，我還讓銀行把我的個人擔保從 100％調降到
20％，降低這項投資的大部分風險。最後要說的是，我對這
間公司的初始投資是來自我的終身壽險質押貸款，讓我用同
一筆錢獲得兩次報酬。

第 14 章
金律八：去除不必要的費用

「謹防小額開銷！小漏洞會導致大船沉沒。」
—— 班傑明・富蘭克林（Benjamin Franklin），美國政治家

　　當你發現自己為某商品多花錢時，有什麼感覺？假設你在一間不錯的珠寶店花費 7,000 美元買了一枚戒指，然後在好市多（Costco）看到相同的戒指卻只要 3,200 美元（只不過你在珠寶店買的戒指更大，品質更好）。

　　如果你是稀有珍貴物品的收藏家，你會明白行家的價值，他可以幫你到處搜索標的、打電話聯繫，為你找到想要的東西，幫你節省 40％ 的交易價格。你會很樂意支付這個人一筆合理的佣金，也可能會事前預付一筆費用，因為他的服務值得你付出這樣的代價。你會一次又一次要求這個人為你提供服務，並且在許多層面重視自己和這個人的關係。

　　讓我把這個故事，應用到投資領域……

　　前面的章節，你已經知道我的許多投資。對於我的前三個移動屋園區，當時是在沒有經紀人的情況下完成交易，我

利用賣方提供的融資，取得部分或全部的購買金額。那個時候我的時間比錢多，所以我找到了這筆交易，花時間自己談判條款，不透過經紀人交易，因此為自己省下一大筆佣金，讓口袋裡多獲得 10 萬美元。利用這項賣方融資，我只要支付 15％小額首付，就可以用 5％利率取得 10 年的融資，在改善資產與提高租金之前，立即獲得現金流與淨利。

後來我的錢比時間多，我學會利用中間商與經紀人來發揮自己的優勢。我非常樂意支付他們一筆費用，這麼一來我就可以節省時間，不必再做職業生涯裡第一階段的事情了。

利用關係資源，建立更好的投資組合

當你有錢又想節省時間時，可以利用以下的重點資源幫忙達成大筆交易：

- 優秀的經紀人會帶來你不知道的交易，並且把你介紹給你可能沒有機會接觸的關係網絡，為你節省幾十年的時間。
- 優秀的金融顧問與保險專業人士，可以為你詳細介紹你從未想過或聽過的金融商品，因為這些金融商品晦

澀難懂。

- 偉大的銀行家與金融機構，會向你介紹金融工具。因為如果沒有他們居中引介，這些工具同樣晦澀難懂。

一旦找到這些資源，你就可以為自己的投資工具箱增添「關係」這個高品質又精確的工具了。只要結合其他工具使用，就可以讓你獲得大筆交易、更多槓桿、更好的條款，以及更多元的想法與概念，這是在其他地方學不到的。

我花了 10 多年時間，才掌握這本書的所有內容與工具。我在個人成長投資將近 100 萬美元，在法律和專業費用、教育、培訓和輔導等也付出了數十萬美元，這些資源幫助我建立數千萬美元的投資組合。然而，如果不是因為我培養了一支幾乎可以處理任何機會或交易的超級英雄聯盟，也沒有今天的成果。

樂享生活理財族

投資、增加財富、累積淨資產，成了一種遊戲。

精準投資合適的專家或顧問

所有的關係，有些對你是有益的，有些則不然。投資關係與中間商也是如此，所以得謹慎篩選。**你要尋找的是那些在商業上可以幫你擴大利益的合作夥伴關係，而不是那些會讓你的投入成本大於收穫價值的關係。最快的賺錢方法，是一開始就不要把錢花在不必要的地方。**

好市多、山姆會員店（Sam's Club）、沃爾瑪（Walmart）等零售商都找到方法，知道如何去除中間商、保留更多利潤、產生更多銷量，以及用更少的錢為顧客提供更多的產品。亞馬遜（Amazon）則是找到方法擺脫中間商，在一天之內就可以把他們的產品運送到你家。

你得了解，「價值超過成本的中間商」與「成本超過價值的中間商」兩者之間的差異。一旦可以區別並消除不必要成本，你就成了強者，也算是贏家了！

以下的中間商名單，你應該分析他們的價值和成本。這些中間商裡，有些人可能會增加「不必要的費用」，或是造成不滿意的結果，這些都是費用的來源（而非資源），產生的費用與佣金會徒增你的成本，導致交易的結果無利可圖。

- 財務顧問
- 經紀人
- 保險銷售人員
- 基金經理人
- 普通合夥人
- 籌款人
- 銀行和金融機構
- 一般中間商

免責聲明

　　我喜歡以上所列的專業人士，前提是條款與協議必須正確架構。我有很多朋友是財務顧問、經紀人、貸款人、保險銷售人員，他們為客戶做了很多工作。然而，並非所有的財務顧問、經紀人、貸款人和保險銷售人員都像他們一樣。

　　如何分辨這些費用是否必要呢？以下是我經過時間驗證後，所歸納出來可以「減少費用」的工具包與系統，能完善的為你創造股息和收入。只要善加利用就可以解鎖最好的交易，避免花費「不必要的費用」。

找出不必要的費用

1. 當你輸了，他們會贏嗎？

　　經紀人和金融投資都有隱性費用，許多共同基金、401(k) 退休福利計畫、保險政策，也都包含了高昂的費用、細節、例外事項，讓你背負了不必要的負擔。你必須了解這些專業人士如何獲得報酬，不透明的交易永遠不會對你有利。

2. 他們有切身之痛嗎？

　　你得尋找採用「績效計費方式」的合作夥伴，而非「逐筆收費」的往來對象。但是有個例外，如果你是與受託人合作，而對方又是擁有幾十年經驗的專業人士，那麼他們同樣也會針對服務收取簡單的費用，只不過這些收取的任何佣金或額外費用都會完全公開透明。

　　然而，金融服務業裡的絕大多數金融服務代表、代理人、經紀人都不是受託人，他們不必做「對客戶最有利」的決定，而且往往實際上所做的決定都是對他們自己最有利的。就法律而言，他們的工作只是要為你提供「合適」的商品，而且這樣極低的要求與標準並不會影響你未來的財務狀況。真正讓人擔心的，反而是如何從中分辨出真正的受託人，並且避免讓自己的財務遭受損失。

3. 他們言行一致嗎？

　　你會相信體重管理營養師或私人教練嗎？同樣的道理也適用

於你的財務顧問。他們會投資自己賣給你的商品嗎？還是因為他們可以在這些特定商品上賺取額外的佣金，所以才賣你這些商品？他們有投資嗎？這些投資過去的績效表現如何？他們的淨值有多少？對於這些自己託管金錢的人，你得尋找所有關聯並且確認前後一致，同時了解他們的性格。

4. 你可以從哪裡節省時間或金錢？

對於自己的金錢和時間，何者對你更重要且更有價值？你的答案可能會改變，取決於你當時的生活現況，而且答案會影響你決定如何減少費用、從哪裡減少費用。

讓我與你分享一個宛如投資噩夢的故事。華爾街的金融界，經紀人與財務顧問被教導「平均報酬率」的話術。想像一下，如果有人來找你並且展示了以下內容：

- 第一年，你損失 50%
- 第二年，你賺到 50%
- 第三年，你損失 50%
- 第四年，你賺到 50%

你認為平均報酬率是多少？大多數人一眼就會說，你的平均報酬率是 0。

讓我們代入一些實際數字。我們稱這些為「華爾街數字」。假設你投資了 10 萬美元。

- 第一年，你損失 50％，意味著你的帳戶有 5 萬美元，不包括經紀費用。
- 第二年，你賺到 50％，這讓你的帳戶餘額增加到 7.5 萬美元，因為你賺到的是剩餘資金的一半。
- 第三年，你損失 50％，這使你的帳戶餘額減少到 3.75 萬美元。
- 第四年，你賺到 50％，這使你的帳戶餘額增加到 5.625 萬美元。

你的報酬率是 -43.75％！

現實中的實際情況是，你的帳戶總額甚至更低！除了因為你支付了經紀費、隱性費用，過程中的其他詭計也會影響你的報酬。

對你而言，這是個糟糕的交易！但是你的財務顧問卻仍然可以獲得佣金。

有時候，經紀人可以為我節省時間、金錢、精力，在這樣的情況下，我很樂意付給他們費用或佣金。因為如果沒有他們，我們可能也無法得到這筆錢。相反地，如果他們能為

我提供價值，我也會很樂意激勵他們。但是，如果他們所提供的服務我自己就可以做得很好，為什麼我還要花錢支付額外的費用呢？對我來說，如果我可以做得更好或更快，那麼再僱用別人來做這件事就沒有意義了。當然！如果他們比我更專業，僱用他們可以讓我去做自己擅長的主要工作，那麼我還是會很樂意付費請他們為我服務。

還記得我說的受託人嗎？這才是你要尋找的關係。如果你可以與一些「知道如何提問好問題」的人學習經驗或一起合作，就可以為你帶來財富並節省費用。

切身之痛的實例分享

這是「切身之痛」的一個例子，前一章有更多這個例子的相關細節。誠如之前提及的，我投資 Orangetheory Fitness 是因為以前的教練客戶為我帶來了這筆交易，他們沒有錢投資（但是我有錢）、我沒有時間經營（但是他們有時間），所以他們很樂意提供所有人力資本。為了參與其中，他們投入了 1.5 萬美元的畢生積蓄，雖然相較於我投資的 12 萬美元來說金額較小，但是卻代表了他們所擁有的一切；這是他們擺脫激烈競爭，成為創業家的唯一機會。

在這樣的情況下，我擁有了長期股權，而且合作夥伴也可以因為組織成功擁有既得利益。在我看來，這些合作夥伴投入了時間和資源，所以實際上他們對經營所付出的心力，就是保證事業會成功，但是因為他們沒有金錢、時間、專業知識來應援或建立這些關係，所以我得從自己龐大的顧問與專業人際網絡裡尋求支援。整體而言，這是個三贏的局面。

去除不必要的費用

這是個減少費用的例子。更早以前，我在金律五「立即創造現金流」分享了自己取得前三個移動屋園區的故事。我的前兩個園區投資非常成功，第三個園區的投資則是讓我的被動收入超過勞動收入，前者是利用賣方融資所購買的，後者則是個較為獨特的情況。就第三個移動屋園區的投資而言，這是一筆隱形的交易，因為是場外交易，所以買家電話聯繫物業所有權人是否願意出售園區，進而雙方簽訂合約。這麼一來，就避免了經紀人或房仲這些不必要的費用。

我擁有強大的商業專業人士、專家、朋友等關係網絡。我的第三個移動屋園區投資案例，簽訂園區合約的這位買家就是我的好朋友。因為他決定不買那個園區了，所以問我

想不想買。我喜歡這處房地產，於是決定向他買下轉讓權
（Assignment），這麼一來我就可以省下經紀人或房仲的費
用而簽約。

「轉讓」指的是某人在購買合約中擁有不動產或資產，
但是還沒有完成交易，便決定將合約權利轉讓給另一個人。
簡單來說，買方有義務完成履約，或是轉讓給其他人，一旦
合約被轉讓，受讓人就得承擔合約裡的所有條款。

在這樣的情況下，無論是誰購買房地產，賣方都沒有發
言權，因為他們受原始合約的約束，即使買方已經不是當初
簽約的原始買家，但是合約內容也載明了允許轉讓的約定。
所有我使用的合約，都有允許轉讓的條款。

我讓幾名專業人士來審查這筆交易，他們都很贊成。他
們對這筆交易做過各種盡責調查，所以事前我不必做太多工
作，就可以繼續進行交易，進而花了 2 萬美元向朋友買下這
個轉讓權。我很高興可以付給朋友一筆仲介費用，因為他做
了所有工作來尋找和審查這座園區，從而為這項投資增加價
值。我很高興能獎賞這樣的人，因為他們為我節省了不少時
間，不需要事必躬親就能取得這筆交易。除此之外，僱用仲
介的費用至少是我付給這位朋友的雙倍。整體而言，對我和
朋友都是雙贏。

關於這筆交易，我還想再補充說明。雖然，我的朋友在

這個園區的交易談判上做得很好，但是我有很多策略可以取得比大多數交易更好的條件。於是，我去找了園區的所有權人，重新談判附加條款，並且還把價格再降低了超過 10 萬美元。不僅如此，我還讓他們同意以額外折扣 5 萬美元的代價，把園區相關的所有個人財產都賣給我，包括流動房屋、拖拉機，以及擺滿了工具的大棚子。所以，即使這項投資原本就已經是不錯的交易了，我還是把總銷售金額降低了 15 萬美元以上。

常見的迷思是，以為投資的方法只有一種、需要一名資金經理，並且接觸股票市場。並非這些都不好，但也不是非做不可。有些股票投資可能是好事，但是我不會把所有雞蛋都放進一個籃子裡。我喜歡多樣化，同時我也希望對自己大多數的投資擁有更多的掌控權與影響力。

我盡所能，想去除所有的中間商，這樣我和家人就可以獲得利潤，或是我可以和合夥人分享利潤。如果中間商表現良好，我會讓他們獲得一些他們平常賺不到的利潤。如果有人可以直接為投資增加價值創造收益，我也會很樂意買單！我曾經與許多優秀的經紀人合作，我很樂意支付他們的費用，但是如果能避開金融機構而採用賣方融資，我每次都會做這個選擇。如果我可以透過一種投資方式，無論賺錢與否都不必向賺錢的基金經理支付一定比例的費用，那麼我也會

毫不考慮的刪掉基金經理這樣的角色。

從學習與知識中獲利

　　削減費用的祕訣，就是知道該問什麼問題，以及什麼時候發問。你可以累積數十年所犯的錯誤來學習，也可以投資一位教練來學習，為你節省寶貴的時間，以及數十萬或數百萬美元的金錢。師徒關係可以為你提供完美的捷徑。

> **樂享生活理財族**
>
> 某些時候，你會犯下錯誤並賠錢。你必須從中汲取教訓並學習。

　　一般來說，如果查看任何專業管理帳戶的費用支付，你會對這些收費內容感覺驚訝。當時我的投資組合，有很大一部分資金投入股市，而且還有專人積極管理。我記得看著眼前報表的感覺，就像是被打了一拳！報表顯示，我的平均報酬率是 7%；我心想，「太酷了！這麼高的平均報酬率，我

應該是賺到不少錢了。」然而，當我繼續深入了解更多，便意識到實際上我是在賠錢，因為實際報酬率與平均報酬率不同。事實上我賠錢了，但是平均報酬率卻還是正的！

　　儘管過去 5 ～ 10 年的平均報酬率是正的，但是這段時間內某一年景氣低迷時我卻是賠錢的，只是因為其他年的報酬率很高，所以才會讓整體的平均報酬率看起來還不錯，但不表示我真的有賺錢。這次的經歷讓我大開眼界！感覺自己被騙了、被誤導了！透過對方與我分享的資訊，我以為自己真的有賺錢，其實是上當了！我第一次了解，原來大量的錯誤資訊與人為操縱，在金融服務產業與傳統投資領域，不過是司空見慣的常態罷了！

　　那一刻我意識到，那個世界裡的人們真正關心的人是他們自己，而不是我。更糟糕的是，我發現即便是我賠錢了，那些負責管理我的錢的人卻仍然在賺錢。這些零碎的資訊，讓我感覺很不舒服。然而，這個瞬間片刻卻是我投資生涯的轉捩點，從此我決定拿回掌控權，認真看待自己的財務教育，並且開始自己做投資。

從人際關係網絡中獲利

　　除了學習如何削減費用，選擇與誰共度時光也很重要，你應該專注與那些自己最敬佩、最想要共度一生的人，一起消磨美好時光。因為「近朱者赤，近墨者黑」，所以明智的選擇這些關係非常重要！我喜歡與人打交道，所以我花了大量時間與其他投資人和企業家見面，透過與他們交談，讓我學到可以採用的新策略。

　　除了結識新朋友，我也是幾個投資團體的成員。我想認識志同道合的人，也想認識那些想法和我不一樣，並且擁有比我更高人生層次的人。我不斷挑戰自己超越現狀、讓自己達到更高標準、挑戰自己繼續在個人與專業領域成長，並且透過導師、同儕團體、書籍、播客等途徑找方法，定期持續自我改善並提升專業。

　　當我指導、建議這些企業主和企業家時，刻意的處理這些關係也對我有幫助。透過這些長期建立的關係，我可以展現自己多年的投資專業知識。我將這些專業知識結合所有閱讀、學習與經驗，並且分享出去。換句話說，正是因為我對學習和成長永不滿足的渴望，還有想要與他人分享知識的熱情，所以使得每個人都受益。

　　接下來即將討論的幾個投資機會，我的投資方法將完美

體現。第一個例子，是關於對一般運營公司的投資。第二個例子，則是聚焦在軟體公司的投資組合，而且這些軟體公司已經擁有一些正在示好的策略買家。

投資營運公司與軟體公司

這個例子是大多數人從未考慮過的投資，即使有人想到了，可能也不知道如何架構起這樣的投資。隱藏在眾目睽睽之下的，是大量的倍增收入。它們是什麼呢？

你可以增加業務價值並同時獲得報酬，從而在資本很少，或是沒有資本的情況下投資大量資金。當企業出售時，你可以得到一筆巨額的所得，讓收入翻倍。一旦你開始投資並看到交易模式，只要結合自己的經驗、網絡、建議、關係來解決問題，就可以更輕鬆、更容易的找到收入倍增的方法。你可以利用少量的現金，或是取得資本、優秀的團隊、出色的網絡、自己的經驗等方法，來達成交易。有了你和你的專業知識，企業就可以增加收入與利潤，並且變得炙手可熱！這麼一來，每個人都贏了！一段時間過後，你就可以只花很少的力氣，一次又一次的賺錢。

除此之外，你在這些交易中賺到的錢，可以在沒有經紀

人、基金經理、普通合夥人、投資顧問、金融機構等的情況下來進行談判和安排。如果必要，你可以與這些專業人士合作，如果你不使用這些專業人士，而是選擇直接投資一間公司，還可以因此減少開銷。

範例：投資營運公司

　　我有幾個過去 10 年內投資營運公司的例子，你可以利用它們來為自己建立交易模式。這些例子，有些是朋友的公司，有些則是我從未見過的人的公司，他們都是經由口耳相傳的方式聽說過我這個人。所謂的營運公司，指的是那些生產商品或提供服務的企業，並且擁有經常性的營運、收入、支出、團隊，即使在一開始的時候可能只是一人團隊。但是，營運公司與擁有營運公司資產的控股公司不同。

　　一般我投資的營運公司規模，都是銷售總額 50 萬～ 3,000 萬美元不等的中小型企業。除此之外，我也有一些規模較大的公司。因為每一間公司都有不同的需求，並且投資金額或內容也不同，所以每一項投資都是獨特的。有時候，企業只是需要某種貸款，來幫忙擴大公司規模並僱用更多人。有時候，他們會想要獲取一些建議，針對如何擴大公司規模、管理不斷壯大的團隊、僱用高層管理人員幫忙經營公司、建立招聘與培訓流程、建立額外

的系統來實施與改進和創新自己的廣告和行銷工作、因應其他挑戰等。雖然沒有任何一筆交易是相同的，但是我的每一項投資都有標準結構。

成長心態

多年來，我一直在投資營運公司，並且針對如何擴大規模，向其中一些公司提供諮詢和建議。我經常閱讀商業書籍，並且與其他成功的企業家討論如何建立標準作業系統、擴展規模，以及利用獨特的結構或方法來為企業成長尋找資金。我總是隨時砥礪並要求自己保持在最好的狀態，並且重新塑造自己，為那些與我一起工作的人提供最大的價值。通常人們和我一起工作只是為了進入我的人際網絡，我也非常樂於提供。這對大多數企業主而言，我認為都是個好主意。

在我職業生涯的現階段，我最喜歡的交易是提供額外的貸款，並且附加一些參與條件，將企業主與我的專業人士和專家網絡建立聯繫，這麼一來他們就可以擴大自己的公司規模，而且不需要我花任何時間。並且，我的資本就可以為我帶來效益，讓我在享受自己努力創造的生活同時，也可以獲得巨額的報酬。我喜歡獲得巨額的報酬，特別是些不必我付

出任何時間所得到的報酬！一旦你開始學習我的做法，你的
關係網絡和價值也會以驚人的速度成長。

交易結構

這是個典型的營運公司交易結構。不過，條款會根據不
同投資而異，並非所有條款都適用每一項投資。

- 2～3年的貸款利率為8%～15%（我總是帶給朋友驚
  人的交易！這就是為什麼我給的範圍較寬，並且可以
  用更低的利率做為起點）。
- 一年只付利息（我可以提供較彈性的條件，因為我想
  為自己投資的企業創造舒服自在的還款方式，並且降
  低風險）。
- 剩餘貸款期限的本金和利息支付
- 貸款期限的每月付款
- 以應收帳款、房地產、存貨、設備、智慧財產權、股
  票、其他資產來做抵押的貸款，這些資產的價值遠超
  過我的投資（在清算的情況下，我知道可以收回自己
  的投資）。

- 我經常讓他們簽定個人保證書，以確保貸款安全。
- 在某些情況下，我不是提供貸款，而是談判股權投資。透過加速分配進度，以便每月分配的金額可以在更快的時間內收回本金。
- 0.5%～10%的收入份額（取決於對方希望我參與的程度）。
- 股權的 0.5%～10%（取決於對方要求的範圍和責任）。

篩選過濾

在我投資的時候，其中有些公司已經營超過 20 年，並且擁有穩定的收入和與獲利紀錄。在這些投資中，我所承擔的下行風險仍然非常低，因為這些公司的表現都很穩定。雖然他們不一定是在成長，也不一定符合業主期待的成長速度，然而保持當前產量或成長的機率卻非常高。我喜歡既能夠掌控下行風險，又有機會獲得較大報酬的投資。

談判商議

這些交易大都不涉及太多談判,因為企業主是透過別人推薦來找我,並且已經知道我與其他企業主所使用的條件。不過,談判過程中還是會有些考量,特別是當企業主想要的不僅僅只是貸款時。因此,有時候我會根據總收入來規畫收入分成(因為我更喜歡在整個經營週期內,可以產生每月現金流的條款),有時候則會對公司做股權結構調整(特別是當公司有大量分配機會,或是有潛力在未來以極高的估值快速成長時),另外有些時候則是同意收入分成和股權並行。

我還知道,自己可以獲得優先擔保債務的第一留置權,以減少一些下行風險。同時,我處於最安全的投資位置,也是第一個會得到報酬的人,這些都是投資裡最重要的關鍵。在金律一「生活擺第一」我談到的硬通貨貸款,就是取得第一留置權的另一個例子。我的目標一直是在為我與業主創造雙贏。

交易回顧

所謂「比上不足,比下有餘」,意思就是如果你擁有這

類交易經驗，消息就會傳開，很快就會有其他企業主來請求你幫忙。隨著經手的交易愈多，你的價值成長與經驗累積也會愈來愈快，讓你更有機會以小搏大。因為每位企業主都會是你的導師。

我經常從企業主、商業夥伴，以及其他企業家獲得反饋！他們說，我給他們的貸款或投資有助於擴大業務，但是我所提供的諮詢能力與關係網絡，遠比貸款或投資更有價值。換句話說，我幫他們建立的聯繫，以及我所分享有關如何擴大規模的創意，對他們而言比貸款或投資更有價值。這是因為我提供建議與分享想法的方法十分獨特！而我帶來的關係，往往最後也成為許多品牌和產業帶來有價值的戰略夥伴關係。這樣的能力，也會自然而然的發生在你身上。

記住，**剛開始你可能擁有更多時間（而不是金錢），所以削減支出最快的方法，就是自己親力親為做更多的事情。**我一開始就是這麼做的，因為時間比金錢便宜多了！除此之外，任何情況下你都得了解人們如何取得報酬，這麼一來就可以藉由要求對方「參與遊戲」（承擔風險）並盡可能提供價值的方式來進行談判。

> **樂享生活理財族**
>
> 透過投資學習，並且從中獲得教育。你得問：「告訴我，
> 為什麼你做這個投資決定。」

　　最後，要記住！**投資新手犯的最大錯誤，就是沒有提問足夠問題，來找出不必要的費用，以及大家賺錢的方法**。根據我的經驗，你可以做的「最好的事情」，就是問很多問題來找出不必要的費用，然後談判一筆「只有在你有賺錢的時候，供應商、經紀人、銀行業者才會賺錢」的交易，而且這些人必須得在履行承諾後才會拿到報酬。一旦你開始賺更多錢、擁有更多資產，你就會發現自己願意在某些交易中多花錢來與這些專家們合作，因為你可以再做更多交易，所賺的錢遠遠超過支付給這些專家的費用。除此之外，隨著你的交易規模愈來愈大，也會有自己的合作夥伴與員工，讓你可以保有自己的時間，同時繼續維持獲利的狀態。

範例：軟體公司的投資組合

　　我分享的最後一個例子，更多是對我投資運營公司的方法概述，而非僅僅只針對單一投資個案，因為每個投資都不同，所以條款也不同。在這裡，我想帶你看看一個具體的例子，這是我所投資的一間公司，以及一些我所談判的獨特條款。這間公司的結構與上個例子不同，但是這筆交易仍然包含了本書所談到的大多數金律。如果你有機會投資像這樣的營運公司，你會有更多的投資選項與投資結構可以選擇。

成長心態

　　我投資了一間「為軟體公司提供育成」的公司，並且策略性的投資了這些公司的股權。這間公司針對創業公司加速成長與成功，提供低於市場價格的一系列商業支援資源與服務，特定的利基市場（Niche Market）*是 SaaS 公司，也就是軟體授權公司。我喜歡這個產業，因為它在業界擁有最多出路與發展，因此可以透過簡單計算，將財務報表上的特定項

---

* 某個特定的小市場，因為客群與競爭對手少，所以也稱為利益市場、隙縫市場、小眾市場。

目乘以另一個數字後所得的「倍數」，來做為績效衡量標準並確定資產總價值。

通常，倍數可以採用息稅折舊攤銷前盈餘（Earnings Before Interest Taxes Depreciation and Amortization, EBITDA）計算，這是衡量公司利潤的一種方法，然而 SaaS 公司的銷售價格通常是收入的倍數，這意味著退場的代價要大得多！因為其價值是採用未扣除費用前的收入做計算。SaaS 的賣出價格，可能是年度經常性收入（Annual Recurring Revenue, ARR）的 8 ～ 20 倍，甚至更多！年度經常性收入或運行率（Run Rate）[*]，是企業現有營運的年度收入。高成長的公司甚至可以根據每月經常性收入（Monthly Recurring Revenue, MRR）來銷售，投資人認為這更容易預測。

運行率和當前月增率成長（Current month-over-month growth）愈大，倍數就愈高。大多數企業的倍數通常是 EBITDA 的 1 ～ 4 倍。因此，SaaS 公司的倍數不僅高於大多數企業，而且這些倍數也是採用營收來計算，而不是採用 EBITDA 或利潤來計算。我喜歡把我的部分投資組合分配給科技類公司（比如 SaaS 公司），以獲得巨大的上行潛力。

---

[*]　企業當前的營運速度，常用來推估未來某段時間的績效表現。

交易結構

投資這個特別的育成中心時，有 7 個投資組合公司的估值為 160 億美元。我的投資取得了公司估值 36％的折扣。從那個時候起，這個投資組合的價值增加了，所以我那個經過談判而取得的資產獲得極大的成功！我還談判了一個認股權證結構，每 10 萬美元可持有 1％認股權證（每 5 萬美元可持有 0.5％認股權證），意味著只要這個投資組合（7 間公司）裡有任何一間公司出售股票，我的投資小組就能從中分一杯羹，無論這間公司需要多長的時間才能出售。

我的計畫，是每 6 ～ 12 個月就有一間被投資的公司出售，這麼一來就可以取得多筆資金流入。除此之外，我還對母公司收購的所有其他投資組合公司進行談判，取得同樣的權證結構，在未來 5 年都可以拿到所有新收購公司的所有權權益。為了明確起見，對前 7 間投資組合公司的投資是採取永久性投資，以外的其他投資組合公司，則是採取較短的 5 年期限。

在 5 年期限結束前，如果我的獅子網絡沒有獲得至少兩倍的投資收益，那麼合約裡與任何其他投資組合公司的收益認股權證相關部分，就會自動再續簽一整年，直到達成兩倍的最低收益為止。到目前為止，我們已經收購了另外 3 間投

資組合公司，並且將它們加進我們的投資。同時，我們也已經自動獲得了這 3 間新投資組合公司所授予與前 7 間公司相同的權證結構。現在這組投資裡，總共有 15 間投資組合公司，而且還在持續增加。

篩選過濾

大多數情況下，無論你是投資軟體公司，或是軟體公司的風險投資基金，都是屬於「長期持有」性質，代表你的投資可能在未來 7 ～ 10 年或更長的時間內看不到報酬。對我而言，這樣的時間太長了！我不能等待這麼久才拿回自己的投資本金或實現報酬，因為我想把相同的資金一次投入多個投資項目。例如，如果我的每一項投資都可以在 2 年內收回本金，那麼我就可以在這 10 年的時間內，用相同的錢做至少 5 種不同的投資，並且同時獲得至少 5 種不同的報酬，而且可能至少包含 5 種不同的股權部位。

像這類特殊的投資，第一年就獲利出場的可能性非常大。只要你做出明智的選擇，並且按照我告訴你的方式談判條款，那麼你在前 1 ～ 2 年內就出場的可能性也會非常高。除此之外，你還可能擁有多次機會可以取得流動性資金，因

此在這個投資的生命週期內可能有多重報酬，甚至可能每一年都可以拿到。

談判商議

為了降低風險，我談了幾個策略性交易條款。第一個是賣出選擇權加上 20％利息，如果我的投資小組不喜歡公司的發展方向，我們可以在任何時候拿回自己的投資本金，同時取得在投資期間 20％利息給付。第二個談判是取得優先清算權，無論出售價格為何，第一次出場時我們都可以拿回全部本金。即使出售金額低於我們有認股權證的投資金額，我們有合約保證可以是第一個拿回全額投資本金的人，之後公司其他人才可以拿到資金。除此之外，如果業主籌集到更多的錢，我們仍然是可以拿到錢的第一順位投資人。

交易回顧

我喜歡「有巨額報酬潛力」，以及「多種出場方案」同時擁有很強下行風險保護機制的投資項目。

　　這樣的情況，對投資人非常有利。在第一年，我很有可能至少賺回本金，然後從交易裡獲取所有利得，並且在未來幾年內，還可以享受其價格上漲的好處。即使現在投資的 10 間公司裡只有 1 間公司出售，我仍然可以收回投資本金，並且獲得良好的報酬，然而如果可以從 2 間或更多間公司出場，我可能可以取得更高額的報酬。其中有 2 間或更多間公司很有可能會出售，因為已經有一些著名的策略型買家正在洽詢，想要購買這些投資組合的幾間公司。

　　除此之外，業主已經討論要在當前的投資組合裡增加幾間公司，有可能總投資組合的規模可以擴增到超過 30 間公司，我的獅子網絡也將可以取得認股權證。如果投資因為某些原因而導致表現欠佳，我們可以執行賣出選擇權，外加 20％利息，藉此獲得很大的投資報酬。

　　最重要的是，這個育成中心提供了良好的投資機會，可以去除不必要費用，讓業主可以參與自己經營企業的投資，而且交易也讓所有參與者（包括投資人在內）都能結盟為一。

第 15 章
金律九：利用槓桿創造優勢

「成功，是 80% 的心態加上 20% 的技能。」

—— 托尼・羅賓斯

　　我聽到有些人說，他們沒有錢投資房地產，這完全是個迷思，**因為不需要有錢才可以投資房地產。我了解到，只要做了一筆好交易，錢就會從各式各樣的來源出現。**投資人想要一筆好交易，如果你可以找到好交易，那麼從他們那裡籌集資金就會變得非常容易。經驗豐富的投資人，會意識到這是一筆好交易，並且希望參與其中。

　　我喜歡把銀行當作投資的資金來源，但必須是在銀行提供有利的條款讓我受益的時候。如果他們不同意，我就把他們從我的交易裡剔除。

　　購買房地產或投資其他資產的某些情況下，我會使用銀行融資。傳統上，銀行使用追索權貸款意味著，如果我因為任何原因違約，他們可以追討我的資產。對於這樣的貸款你要小心謹慎，必須清楚自己所簽的合約內容。許多情況下，

如果資產本身的價值夠高，可能不需要額外的追索權，因為萬一案子進行得不順利，銀行可能會拿走資產，那麼你就可以全身而退了。然而，從法律上而言，銀行有權查封你的所有資產，直到你把所有的債務償還。

　　與銀行合作房地產交易，通常你只需支付 20％～ 25％的首付，就可以購買一項資產。這是個增加你的淨資產的好方法，而且主要是利用別人的錢來購買一項可以產生收入的資產。除此之外，你還可以從資產上獲得增值，並且透過改善不動產來收取更多租金，從而獲取更多現金流賺更多錢。再說，整個過程中你的房地產都有租客付錢承租，你可以用租客的錢來償還抵押貸款。

　　這只是個例子，說明你可以讓一項資產增值，而且只需要支付 20％～ 25％的首付就可以買下這項資產，如果你能藉由談判達成賣方融資交易，或是找到合適的銀行合作，首付甚至可以更低。你可以採用抵押貸款來取得更優惠的條款，這樣就不用花這麼多錢，也算是取得了資產的內在價值，可以用很低的代價擁有它，槓桿作用就被放大了。

　　有些人不投資房地產的另一個原因，是他們認為這太冒險了，這同樣也是個迷思。事實上，他們不投資是因為不夠了解，並且也沒有投入時間學習。我買任何資產都不是希望它會增值，而是因為我知道現金流從今天開始就會產生。

　　房地產投資並不難學，尤其是房地產租賃。我經常查看那些被人們放棄的交易，因為他們認為這些交易的風險太大。然而，在查看的過程中我經常意識到，自己幾乎可以毫無風險的得到這筆交易，並且談判出更好的條件，因為在我之前所有人看到的，都是別人在沒有談判的情況下所提出的第一個報價。

　　這樣的情況下，唯一的受益者是賣方，所以買方沒有進一步談判就放棄了。只有當買賣雙方都受益，一筆交易才稱得上是好的交易。我參與人們放棄的那些交易，談判出更有利的條件，而且幾乎沒有任何風險。**成功來自如何安排交易與談判，一切都必須基於「雙贏」的心態。**投資人從建立資產類別和獲得更多股權中獲益，賣方因為取得滿意的價格與條款而獲利，所有參與方都是贏家。

樂享生活理財族

阿諾・史瓦辛格（Arnold Schwarzenegger）曾說：「思想才是極限。你要 100％相信，只要你的頭腦可以想像你能做到的事實，你就可以做到。」

利用不同貸款的優勢，發揮槓桿效果

讓我們來討論所有可用的貸款選項，了解它們存在哪些風險，以及如何利用每種類型的槓桿來發揮自己的優勢。

以下兩種貸款是直接貸款選項，意味著貸款資金直接來自最終貸款人。

1. 賣方融資。這是我最喜歡的直接貸款選項。它比傳統的貸款產品更快，而且通常你可以談判出最好的條款。這種貸款通常沒有追索權，意味著如果出了什麼問題，貸方只能收回合約裡的特定資產，不能索求借方的其他資產，也就是借款人不用承擔償還貸款的個人責任。這是我想要的良好保護措施。

2. 傳統銀行貸款。我比較喜歡向當地的小銀行貸款，因為可以享有更大的談判空間。這些地方上的小銀行正在尋找可以承作的貸款，而且往往比大銀行更了解當地的房地產市場。這些貸款大多數都有追索權貸款，如果發生違約，銀行可以追討你所擁有的任何資產，以取得還款。這部分的主要選項是小型商業貸款和傳統貸款。小型商業貸款由政府提供部分擔保，但是你需要通過更多審查才能獲得的貸款，而且可能需要更

長的時間才能完成。我向銀行申請的貸款大都屬於常
規貸款，貸款期限 3 ～ 10 年不等。

接下來的兩種貸款，都是次級市場的貸款選項。這類貸
款，是在貸款人和投資人之間的買賣。這些是無追索權貸款。

1. 證券化的貸款（Conduit Loans），又稱為商用不動產
抵押證券貸款（Commercial Mortgate-Backed Security
Loan, CMBSL）。這些貸款通常由華爾街的投資公
司承作，最終會被打包，並且在次級市場上出售給其
他投資人。相較於傳統銀行貸款，這些貸款的利率更
低，而且貸款期限更長（大部分是 10 年期）。通常
這些貸款是可以承接的，所以當你出售資產時，其他
人可以幫你接下現有的貸款，進而解除你的貸款義
務。這方面的貸款可以吸引來新的買家，特別是當利
率低於市場利率時。

  證券化的貸款缺點是，一旦貸款完成後便缺乏靈
活性，因為這些貸款是為長期持有而設計的，所以如
果你打算幾年內要轉手賣出房地產，就不會考慮使用
這類貸款。除此之外，你還需要考慮一些費用。如果
提前出售或再融資該筆房地產，你需要負擔「因為廢

止契約所產生的費用」，如果提前償還貸款，你需要負擔「收益維護費」，通常，新買家承擔貸款需要支付一定費用。一般來說，建立證券化的貸款費用，是在交易完成時預付的 1％。

2. 政府部門貸款（Agency Loan）。這些貸款是由政府支持的機構所貸放，例如被稱為「房利美」（Fannie Mae）的聯邦國民抵押貸款協會（Federal National Mortgage Association），以及被稱為「房地美」或「房貸美」（Freddie Mac）的聯邦住房抵押貸款公司（Federal Home Loan Mortgage Corporation），並且還被打包在次級市場上出售給其他投資人。這些貸款有許多和證券化貸款相同的優點和缺點，例如無追索權與類似收費結構。其中最大的優點，是經常可以獲取 30 年期固定利率的貸款。對於採用買入並持有策略的投資人來說，這些貸款是非常吸引人的。

利用債務優勢為投資加分

另一個樂享生活理財族的成功策略，是購買資產並永遠持有不出售。如果你需要現金，可以利用這些資產取得

抵押借款，將房地產、股票、終生保險當做抵押品，或是以其他資產做抵押。多年來，我一直利用這種策略。最近，我聽了微策略（MicroStrategy）的聯合創始人邁克爾・塞勒（Michael Saylor）所主持的播客節目，他談到了一個類似的策略。

大多數人不知道，自己的股票可以作為抵押品。假設你擁有 100 萬美元的亞馬遜股票。你可以前往當地銀行，以倫敦銀行同業拆款利率（London Inter-Bank Offered Rate, LIBOR）加 50 個基點（0.5％）的利率，取得 80 萬美元的貸款，總利率為 0.65％。倫敦銀行同業拆款利率是全球銀行相互拆借的基準利率。獲得這些貸款沒有稅務問題，不必納稅。

讓我們進一步來看這個例子。如果你有 100 萬美元的股票，需要 10 萬美元維持生活，這個時候就可以賣掉 10 萬美元的股票，並且根據個人收入付出 25％～ 50％的稅。這樣的情況下，你最後可能只剩下 5 萬美元的稅後生活費。實際上，你需要賣掉 20 萬美元的股票，才能籌到接近你生活所需的 10 萬美元，這麼一來你的股票就只剩下 80 萬美元了。如果你連續 5 年，每年賣出 20 萬美元的股票，你最終會賣光所有股票（除了你售股賺到的錢），因為第 6 年你就沒有錢了，必須另尋方法來取得 10 萬美元，好維持你的生活。

　　我提供一個更好的方法。目前，你可以利用 100 萬美元股票取得抵押借款，只需要支付 1% 或更低的利息。假設你用股票做抵押，借了 10.1 萬美元（10 萬美元加上 1,000 美元利息）來換取 10 萬美元的生活費。在這個例子中，由於你有一筆貸款，並且沒有出售你的資產，所以不必對股票繳稅，因為你沒有與它相關的收入或資本利得。

　　除此之外，只要股票繼續增值，你也可以這樣做。如果你的資產每年以 10% 的速度成長，就可以利用這個增值的數額做抵押，來進行永久貸款。換句話說，如果你有 100 萬美元的股票，每年以 10% 的速度成長（也就是每年都會成長 10 萬美元），那麼你就可以每年以此做為抵押來借錢生活。

　　你也可以用類似的方法來投資房地產。當你的房地產增值時，你可以到銀行辦理房地產再融資，透過舉債來生活，同時還能享受免稅待遇。因為你是利用它來抵押借款，既沒有出售任何東西，也沒有因此產生收入，所以不會產生資本利得，於是負債與資產相互抵消。除此之外，房地產可以傳給你的繼承人，這樣他們就可以做同樣的事，再傳給自己的繼承人。

　　這個例子說明了每一位精明的房地產投資人都是怎麼做的。隨著政府繼續印更多鈔票，你的房地產會繼續增值，因為隨著貨幣供給增加，資產也將增值。

假設你有 1,000 萬美元的房地產，而且你可以用它來借 800 萬美元的抵押貸款。你不會想賣掉房地產，因為這麼做你得要繳稅；相反地，你只需要繼續利用它做抵押，來獲得免稅的收入。**當你繼續運用房地產再融資，除了可以拿到生活的收入，還可以用相同的收入來購買更多房地產，並且以這些房地產做抵押借錢，從中拿到更多現金來生活**。如果你遵循這個計畫，靠著利用自己的資產借款來過生活，那麼實際上永遠不必賺錢就能過活。

為了讓這個策略奏效，你需要低利率的貸款環境，並且與一些優秀的銀行家建立牢固的關係，你也會希望貨幣供給繼續擴大，這樣你的資產就會繼續增值。然後，你可以使用槓桿來獲取更多資產，然後再利用這些資產做抵押來借款。

你可以擁有不必繳稅還能增值的房地產，而不是產生你必須繳稅的收入，就像巴菲特所說的：「理想情況下，永遠持有它。」即使你的房地產沒有現金流，這一切還是可能實現，儘管我更喜歡可以產生現金流的資產，因為可以為生活和財務增加更多選擇。

你也可以使用相同的資產抵押貸款策略，利用自己的終身保險取得融資。相較於前兩個例子使用股票和房地產做為抵押來獲得免稅貸款，利用自己的終身保險取得融資可能更好。

樂享生活投資理財如何運作？

後文範例運用了本章的幾種策略，是樂享生活投資理財的完美例子。這本書裡，我已經以移動屋園區投資做釋例，因為這是一項真正讓我成功的交易，產生了大量資金，同時也是不醒目的投資。為了讓你看到我所做的投資都具有一致性、連續性、紀律性，我想從槓桿角度來說明這個例子。一旦你開始尋找交易，我鼓勵你應用相同程度的紀律，並且融會貫通本書的所有原則、篩選、金律。

範例：投資移動屋園區

這處特殊的移動屋園區交易，是我直接打電話聯繫業主才找到的，經過近 5 年的時間才買下它。我與業主，以及他的妻子和女兒建立起關係，幫助他們管理公司日常營運。這些年來我經常和他們聯繫，因為我想和他們保持最密切的往來。除此之外，這處移動屋園區與我擁有的其他兩處園區，只短短相隔兩條街的距離，所以我會定期親自去拜訪他們。

我知道業主最終會賣掉這處園區，因為他年紀愈來愈大了，只是因為園區是自己親手打造，他對這裡的感情太深很難放手。最後，這位業主去世了，他的家人還記得我。到了他們要出售的時候，第一個就想到我。

成長心態

基於各種原因，我熱愛投資移動屋園區。如果你以正確的方式購買，移動屋園區的風險很小，而且很容易取得融資，因為它們是所有房地產裡違約率最低的類型，這正是融資方所喜歡的。你可以透過賣方融資、傳統銀行貸款、證券化的貸款、政府部門貸款等幾種融資方式之一來購買，只需支付 20％的首付，還可以取得優渥的條件。這些園區在你擁有它們的第一天就能產生現金流，你可以很容易的進行改善計畫（這會立即增值），並且產生更多現金流。

經濟實惠的住房需求一直很大，而且實際上可以對抗經濟衰退。每個人都需要住所，移動屋可以說是市面上最便宜的住房，並且比多數藍領階級和低收入家庭所選擇的 C 類公寓（Class C apartments）擁有更多設施。移動房屋有個院子，上面沒有人居住，也不會有相鄰的牆壁會隨時傳來鄰居的噪音。住戶終於可以實現擁有住房的美國夢，而且只需要支付土地租金（在美國平均每個月只要 280 美元），沒有比這個更便宜的住房了。

對你而言，由於擁有房地產，所以還可以享有大量稅賦優惠。

交易結構

- 購買價格為 270 萬美元，與當地銀行進行結構性融資
- 支付 20% 首付 54 萬美元
- 其餘的 216 萬美元，採用 10 年期借款，利率為 5%
- 25 年分期攤銷（以 25 年貸款為基礎的付款）
- 每月現金流（由於抵押貸款還款額度很低，因此擁有房子的第一個月起，我的每月現金流就相當可觀）
- 主約裡新增了 15 萬美元的額外貸款，這麼一來我就可以重新鋪路，並且在相同的 25 年內攤銷這筆費用（策略性的資本改善方式，是使用銀行的資金，而不是你自己的資金，而且不必支付首付，每月只付一小筆錢，還可以享有巨大的稅賦優惠）
- 園區的估價遠高於我的購買價格，所以我知道自己以低於市價購買了這處房地產，可以幾乎消除所有風險（儘管我確實是按賣方的要價購買這處園區，所以這是個雙贏的局面）
- 第一年的利潤為 22.4 萬美元（第一年的現金報酬率為 41%）
- 第二年的利潤為 32.6 萬美元（我們改善了物業，並且向住戶收取水費和下水道費）

- 兩年盈利總共 55 萬美元（首付僅為 54 萬美元）
- 第三年繼續改善物業，並且提高租金（園區的租金仍然遠低於市場價格，因此獲利能力持續提升）
- 由於與當地貸款人建立了良好的關係，因此我透過談判修改貸款合約，架構更好的條款，並且在購買一年後從園區拿出近 100 萬美元的股權（修改貸款合約類似再融資，但成本卻便宜許多，速度也更快，只需要幾天時間就能完成）

篩選過濾

這筆交易最初對我而言頗為理想！因為這是場外交易，我可以直接與業主談判價格。我明白，自己取得園區的價值非常低，所以很容易就可以拿到房地產貸款，單單是這處園區帶來的現金流，就足以支付我目前和未來的所有開銷。這次收購讓我得以實現不需要靠工作賺取收入的目標，也為我催化更多可以產生強大現金流的交易。超過生活費用的額外現金流，再投資到更多可以產生現金流的資產，使得單一投資的整體報酬可以繼續增加。

談判商議

　　許多交易都必須經過談判，才能達成如此出色的交易條件。當我處於談判與敲定買賣合約的最後階段時，賣家決定透過經紀人來出售園區。最初只有賣家和我一起談判，直到這名經紀人介入，他想把售價提高 30 萬美元，所以我第一次談判的重點，就是把價格降回原訂售價。然後，我陸續與銀行進行了多次談判，取得了優渥的往來條件。

　　每當我決定要融資時，總會透過至少 3 家不同的銀行，來取得貸款條件。這麼一來，我就可以讓銀行之間相互競爭，並且從他們那裡談判更好的條件。我發現，一旦貸款方知道有幾家銀行同時在競爭我的業務時，他們的條款就會變得很有競爭力，因為不想錯過為我提供貸款的機會。交易完成後，我透過談判取得額外的貸款來重新鋪路，然後修改了貸款合約，並且取得更優惠的條件。這些條件在當時已經很不錯了，然而我還可以從中拿到近 100 萬美元的股權。之後，可以再把這些錢投資到更多可以產生現金流的資產。

交易回顧

這是另一個有關槓桿操作與幻影收入的例子。誠如我在金律六「尋找收入擴大的方法」所討論的，我賺了將近 100 萬美元的現金流，而且這筆錢在我剛買下園區時並不存在。僅僅是這筆幻影收入的現金流，我現在每年就可以賺將近 1.5 萬美元。整體而言，這是一筆很划算的交易！而且至今我仍擁有這處房地產。

取得和使用槓桿的最好、最快方法，就是借別人的錢，或是以低首付（或根本不需付首付）、沒有追索權的方法，來進行賣方融資交易。你所做的，就是在沒有風險、沒有成本的情況下，將財富轉移到自己的身上。如果你能找到不用開支票就能改善資產的方法，就可以進行改善並增加權益，同時也就增加了現金流。

這是個例子。你可以找到一項資產，以低首付或無首付的方法進行賣方融資，或者使用我在本章討論過的任何一個融資方法。也許你可以找到一間提供服務的公司或合作夥伴，願意拿你一小部分收入來改善你的房子，然後找到一名物業經理，他也願意領取一小部分收入來為你工作。這種情形就是沒有風險的無現金交易。

使用槓桿的最大好處就是，你只需要談判並施展創造

力。雖然所有人都會對你說「不」，但是在大多數情況下，你可以藉由詢問一些很好的問題來達成這筆交易，並且同時找一名過去做過類似交易的人來提供方法，為你鋪好路。找到導師或策劃者是很有力的。在單筆交易中，好的創意可以為自己帶來 10 倍報酬。

樂享生活理財族

你可以不斷成長和進步。人生是一場漫無止境的學習，我永遠都不想抵達目的地，我想繼續這段旅程。

第 16 章
金律十：向專家學習

「對知識的投資報酬最大。」

―― 班傑明・富蘭克林

　　如果我告訴你，我可以保證給你 5,000％的投資報酬，並且讓你在兩個月內收回初始投資，你會怎麼想？如果你不這樣做，難道就一定會失去自己的投資嗎？戰爭時，士兵被告知要做最壞的打算；這是因為，做最壞準備的同時，最壞的情況便永遠不會發生（我將在本章末尾，告訴你這項投資是什麼）。

透過學習或委託專業，克服知識的不足

　　有些人認為自己不能做投資，因為本身不懂投資。這是另一個迷思，其實你可以學習。事實上，一旦開始投資，很快就會被逼著去了解相關知識，這就是最快的學習方法。

　　一般人認為，如果自己不是專家，就不能做某些事情。
這也完全是迷思。你可以僱用專家做任何事情。我和一群顧
問一起工作，他們在許多不同的議題上都比我聰明得多，這
就是為什麼我要和他們合作，為什麼我很高興他們加入我的
團隊的原因。當我與專業人士交談時，我會提前告訴他們，
我不會僱用人替我做所有的工作，因為任何人都能做到。我
僱用他們的理由，是為了請他們教導我為什麼要做這些決定
的細節與差別。

樂享生活理財族

首先要投資的，是你自己和你的教育。

　　我也只僱用那些專業領域裡最頂尖的專家。因為我想了
解他們所擁有的專業知識，讓自己學習後可以在未來應用。
這種方法讓我在與他們合作的過程中，可以獲得最高水準的
教育。而且還不只這些。我不僅透過這些專家取得了不可思
議的知識，讓我可以在未來派上用場，而且一旦我明白了投
資背後的方法和原理，也可以避免付出不必要的代價。

　　想像一下，如果你僱用一個人來教育你，你一定想知道

為什麼他們會做出某些決定，這是因為你並不是在為自己所獲得的服務付費，而是在為自己的教育付費。這種心態讓我受益匪淺。由於我在每一筆交易中都密切關注細節，並且向我的律師、執業會計師、稅務策略專家提問了大量問題，因此在所有新交易的談判裡，我都是帶著這些背景與專業知識來進行。除此之外，因為我可以自己做很多前期工作，也就不需要耗費他們太多時間了，這意味著當我必須動用到他們的時候，就可以少付些法律諮詢費用。

投資經驗豐富的顧問

對於一流的法律與專業服務，我很樂意付費。我曾經為了支付龐大的法律與專業費用而煩惱，直到後來我才終於理解，如果自己親力親為就得花費更多的工夫和努力，才能弄清楚這些事情。現在因為僱用了最優秀、最聰明的人才來幫助我，才讓我可以取得難以置信的報酬。有得力助手來幫忙時，我非常樂意花這些錢。

一旦你可以找到真正的專家，教你他們正在做的事情，並且將所有超出自己能力以外的事情都外包給他們去做，這會是很有意義的作法。

　　我的顧問們都很聰明！他們在我所知有限的領域，擁有多年的專業知識。僱用他們，為我節省很多時間和頭疼的事，我甚至無法做得像他們一樣好，即使我全力以赴亦然。除此之外，他們的想法可能與我完全不同，並且會提供給我自己永遠也想不到的觀點。同時，我的顧問也會幫我注意自己的盲點，比我個人更注重細節，因此可以確保不會遺漏小細節。

樂享生活理財族

真正的知識，就是知道自己無知的程度。

　　除了幫助我獲得更好的投資報酬，並且按照預定計畫如期安排交易，他們也幫助我避免做出不當的投資決策。一旦希望從顧問那裡得到教育與專業知識，我想到的是他們如何在幫助我獲得更好的總體報酬下，繼續為我的投資增加價值、保護我不受損失，並且幫助我盡可能減少稅賦。正是因為專注在這些關鍵領域，所以我的法律專業人士為我的投資帶來難以置信的報酬。

　　有時候，達成一項交易確實為未來的交易打開了大門。

理由是因為讓人們知道你身在市場，當他們有下一個吸引人的交易時，你就是排隊等候的第一優先人選。投資很重要的一部分，是建立人脈和關係，然後你得保證會做自己承諾要做的事。如果你說要投資某樣東西並為它提供資金，那麼你就得按照自己承諾的，在時間內拿出錢來。無論你做任何投資，你都得讓人留下好印象。

關於找到合適的顧問，還有一點要說明。有些人沒有意識到，與自己真正喜歡的人一起工作和學習的重要性。我首先會面試所有和我一起工作的專業人士，讓他們了解教育對我的重要性。我也會確認我們是一支很好的合作團隊，並且表達我真的很喜歡和他們一起工作。如果彼此沒有共識，我就會把他們從我的合作名單上刪除。雖然我想和專家一起工作，但是我也必須喜歡和他們一起工作。我選擇專家的審查過程對我的成功非常重要。

獲得投資方面的知識，也是創造成功的方法。當我發現有人做某件事很成功時，我就會複製它的成功經驗。這是因為，一旦我對這個特定的模型有了更多的了解，我就會創新，讓它變得更好。這並不表示我一定會做得比他們更好，但是卻意味著我至少可以複製其他成功人士的做法。

我是沉浸式學習的忠實粉絲，所以我喜歡新手訓練、會議和研討會，多年來我參加過無數次這樣的活動，涉及各種

投資主題與專案。同時，我也是閱讀愛好者，每週至少讀 1
～ 2 本書，因為閱讀可能是我在實務經驗以外的最好學習方
式。除此之外，我也很高興可以得到導師的幫助。我的一生
中，有許多導師，在大多數情況下，這種關係始於簡單的要
求某人來扮演我的導師角色。順道一提，我很樂意為這些指
導付費，這些年來我投資了各式各樣的導師課程，因為我知
道報酬會是 10 倍、20 倍，甚至更多。

作者羅伯特・清崎的重要著作《富爸爸，有錢有理》
（*CASHFLOW Quadrant: Rich Dad's Guide to Financial Freedom*），
教會我思考身為雇員、個體經營者、企業主、投資人等角色
時，在現金流象限裡的位置。在我創業生涯早期，我自認為
是一名企業主，因為我經營的是一家小企業，但是實際上我
當時還不算是企業主，只能算是自由工作者。誠如羅伯特在
書裡所解釋的，如果企業主可以超過一年不介入自己的企業
經營，而且在這段時間內企業還能不斷成長，那麼這就是一
家真正的企業，而不是一家獨資的企業。 換句話說，真正的
企業主必須擁有成功經營企業的制度與團隊，即使自己沒有
親身參與經營，企業依然可以持續成長。如果我離開這座城
市一段時間，我的生意就會垮掉。

這個重大的認識教會了我，必須建立更好的企業，即使
我不介入，它依然可以自行運作並壯大。這是一項具挑戰性

的任務，迄今大多數的創業者從未挑戰成功。然而我最大的領悟卻是，我曾經自認為想成為企業主，但是實際上我想成為的應該是投資人才對。因為只有身為投資人，才能真正將自己的時間與收入分開。

在那一刻，我的重點變成了「如何轉移到羅伯特現金流象限裡的投資人那一方」，於是我得去做投資或收購企業，而不是創辦和經營企業。為了實現這個目標成為投資人，我花了很多年的心力與時間。

那麼，我在本章開頭所分享的 5,000％ 報酬，而且可以在 2 ～ 3 個月內還本的，究竟是什麼呢？你能做的最大、最好的投資，就是投資一名優秀的企業教練，來增加自己的知識和能力。

優秀的企業教練，幫助你提升投資效益

優秀的企業教練可以防止你犯愚蠢錯誤（例如僱用錯誤的人），並且幫助你在最快的時間內建立更好的團隊。你不需要學習他們所知道的東西。他們可以為你帶來連你自己都找不到的交易和機會，並且幫助你安排交易，思考不同的談判方式。

　　想想，如果你能回到 20 年前，要你投資蘋果（Apple）和谷歌（Google），你會這麼做嗎？當時的幾千美元，現在可能價值數千萬美元（甚至遠遠大於這個數目）。優秀的教練就能帶你進入這樣的「時間機器」。沒有人可以剝奪或讓你的大腦破產，也沒有人可以奪走你的知識和經驗。當你聽說一些億萬富翁在職業生涯中多次失去自己的財富時，這個祕密就是他們可以一次又一次將自己打掉重鍊的原因。

　　以下簡要介紹投資機會如何形成，並且說明為什麼這個例子對你很重要。

範例：投資維修供應公司

　　我和兩位企業夥伴，透過我們共同擁有的另一間公司，投資了一間維修供應公司。進行這項投資的母公司希望通過 A 輪投資（Series A investment）籌措資金，這通常是風險投資的第一輪重要融資。風險投資是私募股權的一種形式，是投資人對那些被認為具有長期成長潛力的初創公司所提供的一種融資形式。

　　我之前已經賣掉了我在母公司的部分股權，並且獲得了分期付款，但是我仍未拿到票據的未付餘額，這在他們的帳面上看起來就像是債務，使得他們很難通過 A 輪投資的審核來籌集資金。在此期間，我的兩名合作夥伴（負責管理母公司營運與維修供應

公司的所有權人）發生了衝突。經過雙方多次重新談判，我們投資的維修供應公司似乎不願意支付我們合約上的欠款，意味著我們可能不得不通過訴訟來獲得付款。

　　我真的很希望這種情況可以友好解決，所以我介入並談判了一項協議。我免除了母公司仍然積欠我的票據餘額，清理掉妨礙他們籌集 A 輪投資的債務。這筆交易是為了從維修供應公司的原始投資裡，獲得特許權協議的全部權利。特許權協議是以總銷售額作為計算基礎，我降低了維修供應公司必須支付我的總金額，來幫助這兩位業主和他們的公司營造更好的現金流數字。這對三方而言，是真正的三贏。

成長心態

　　我投資了時間和我的律師在一起，分析我的投資與現金流。他幫我聯繫了律師事務所裡的許多同事，請他們為我目前的幾間投資企業提供專家建議。在一次集思廣義的會議上，我們看到了與母公司合作的絕佳機會，可以幫忙解決我的合作夥伴與維修供應公司之間的衝突。

　　這是個非常突破常規的機會與解決方案，同時也是個完美的例子，說明擁有一支強大且具創造力與策略性法律團隊

的力量,他們的思維方式與你不同。我學到一些獨特的約定
機制,以及一些創造性的想法,來為目前的僵局開啟更好的
局面,並且嘉惠交易各方。如果沒有他們,我可能無法自己
想出這些方法。

交易結構

以下是合約的結構:

- 0 元投資(但我確實放棄了母公司積欠我將近 50 萬
  美元的一筆款項)
- 幫助這間維修供應公司談判,結束了一個合約,並且
  再為他們建立一個更好的新合約,避免發生法律訴訟
- 占總收入的百分比
- 每月分配
- 如果維修供應公司出售,保證可以獲得總銷售收益的
  認股權證
- 如果該公司確實被賣掉了,則享有優先清算權

篩選過濾

這筆交易是一項很好的投資，因為它屬於蓬勃發展的產業，具有無限成長潛力，同時也不需要我投入太多時間與資金，但是會創造月收入金流來支應家人的生活，並且最終為我取得更多個人時間。除此之外，我還幫助這間維修供應公司擺脫了棘手的法律問題，並且重新談判合約條款，使他們受益。展望未來，我知道當他們繼續擴大規模時，我可以為他們提供資源。這對於相關的各方面而言，都是雙贏。

談判商議

我透過談判，取得每個月都可以分配到收入的一定百分比，這一直是我最喜歡的投資結構之一。如果他們選擇在未來出售公司，我還可以獲取額外的收益，而且我可以分配到的部分是根據「總銷售收入」做計算，而非根據「淨銷售收入」做計算，兩者之間有很大的區別。這類似「總收入分成模式」與「利潤分成模式」兩者之間的區別，「收入分成」會比「利潤分成」產生更多收入，因為這個數字是在扣除支出之前。同理，「總銷售收入」會比「淨銷售收入」產生更

好的報酬。除此之外，我還確保可以拿到收入份額的最低保
證報酬，以防止業主提前出售公司。

交易回顧

　　一旦累積了足夠的知識，組建了顧問與專業人士所組成
的優秀團隊，並且參與足夠的交易，就可以找到大量的談判
機會，甚至以一種「有利於多方」的方法重新談判交易，輕
鬆取得長期現金流與股權。然而，如果沒有別人的知識和經
驗，也沒有他方的參與，這樣的雙贏投資永遠無法實現。

　　所有這些技能，都需要你邁出第一步並做出承諾，付諸
實際行動來追求你的夢想。

　　我與最喜歡的私人教練客戶JJ進行了一整天（感覺似
乎只有10分鐘）的策略會談後，我們享受了一頓慶祝晚
餐。我們一起建立了一個完美的投資組合，而且符合他的
「樂享生活投資理財」目標。在與他合作90天之後，他已
經投資了近10筆交易，每筆都是六、七位數的倍數。與JJ
這樣非常聰明的獅子一起工作的好處之一就是，我從客戶身
上學到的東西和他們從我身上學到的一樣多。

　　策略會議後的第二天，我在日記寫了以下內容：

　　昨天和 JJ 進行一場有趣的策略會議。我對 JJ 這個人，以及他的學習欲望與記憶資訊的能力印象深刻。他非常聰明！而且涉獵很廣。我欣賞他的深度思維和策略眼光。我覺得他的思考速度領先大多數人。他對智慧財產權的了解令人印象深刻，他為自己最近投資的公司提供了很多價值，而且真的幫助他們擴大規模。他不僅在他的第一間公司達成漂亮的策略性退場，而且正在創立下一間公司，以便可以再次用更漂亮的成績退場。他還為主管們與其他業主提供很多智慧建議。我對今天的第二輪會議感到興奮！同時也將深入了解，目前所使用的許多具體策略的細節。我覺得 JJ 會從我們的相處與我們的新友誼中獲益良多。我也很高興可以學習他的觀點和見解。對我們而言，這一年和未來將會很有趣！

　　在這本書的開頭我告訴過你，「富足」與「擁有富足的心態」息息相關。這點我再怎麼強調也不為過！富足的心態意味著生活在富足的生態系統。在這樣的生態系統裡，有思想豐富、善於調教的思考者，他們可以發現互惠互利的機會，每個人都是贏家，投資不是零和遊戲！

　　透過分享這些有用的原則和金律，我真正教會了別人捕魚，這讓我感到最大的滿足！我有幸改變人們的思維模式，並且提供極好的財務報酬。每一塊錢的投資都會得到報酬，

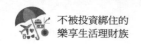
尤其是當你在投資自己的個人成長，以及你的「樂享生活理
財族心態」的時候。

PART 3

實現你的樂享生活

第 17 章
成為樂享生活理財族

> 「成功不是一蹴可幾。只要每天都比以前進步一點點，距離成功就更近了。」
> —— 巨石強森（Dwayne Johnson），美國職業摔角手、演員

　　現在你已經學到了樂享生活理財族的十條金律，準備好要開始付諸行動了嗎？成為樂享生活理財族，是為了創造理想中的生活，過上富足的生活，同時也是為了以自身的富足來幫助其他人。一旦掌握了這種生活方式，就會在自己的影響圈內產生漣漪效應，從而改變人們的生活，影響成百成千甚至是上百萬人。

　　讀了這本書的人，並不是每一位都會花時間與精力去改變自己的思維方式。但是，每個人都有金錢相關的包袱。我相信人們在某種程度上，都會對金錢感覺矛盾，要不就是對金錢感覺矛盾並產生意識，要不就是對金錢存在矛盾卻毫無意識，自己始終沒有察覺。

　　在你繼續讀下去之前，我建議你這麼做：

1. 停止閱讀，寫下你對金錢的看法（寫得具體一點）。
2. 現在回顧金律，並且完成你跳過的所有回答。

我的目標，是希望你可以把這本書的書頁折角，方便自己經常回顧這些金律。你可以做標記，用它來記錄自己的想法、問題、點子。最好可以開始寫日記，在執行這些策略的過程中觀察自己的進展，並且成為樂享生活理財族的獅子。

先做重要的事，以確認自己的自由程度

你有發現嗎？那些在部分領域比你更聰明的人，可以幫助你成為樂享生活理財族。誰是你的教練呢？列出這些人的名單吧！

接下來，算出你生活中必要的開銷。這樣想好了！如果你受傷了，3 個月不能工作，你需要在銀行存多少錢，才能確保家人可以生存下去呢？**把實際數字寫下來，再把這個數字乘以 4，就是你家每年生活所需的金錢**。如果你繼續把它按月拆解，就會得出你每個月需要用來支付家庭基本開銷的現金流量。看起來沒有你想像中那麼嚇人，對吧？

如果你尚未根據目前的生活現況做這樣的計算，那麼現

在就應該這樣做，你才會知道每個月需要花多少錢。現在，你可以計算出自己每個月需要多少現金流，才能實現財務自由，這就是你的自由程度。

回顧個人的自由公式，明白要做什麼

現在回顧你個人的自由公式。你需要做些什麼，來完成自己的首要任務？如果你想成為樂享生活理財族，現在是時候採取行動了！

1. 第一次投資時，你會撥出多少錢？
2. 這樣的投資，每個月能為你帶來多少現金流？
3. 你對哪些投資機會有興趣？
4. 根據十條金律來評估你的投資組合，你給的評價是多少？（5/10、7/10、10/10）
5. 找到一個符合所有金律的交易。
6. 與你可能認識的投資人士建立聯繫，或是加入我的私人指導或策畫社群，以取得那些已經審查的交易。與那些擁有相同價值觀與目標的其他樂享生活理財族建立人際網絡。

為自己投資教育進而改善生活

美國暢銷書作家哈維・麥凱（Harvey Mackay）曾經說過一句名言：「我們的生活經由兩種方式改變：我們遇見的人，以及我們閱讀的書籍。」這句話正好符合完美樂享生活理財族獅子所擁有的特點。獅子們有學習的欲望，接受正確的教育，並且渴望學會如何在財務上獨立和富有。

如果你想賺更多的錢，就與那些志同道合、思想豐富的人在一起。正如托尼・羅賓斯在他的生活事件中所教導的，「列出名名單，找出那些你花最多時間相處的 5 個人，然後將他們的收入加總後再除以 5，得到的數字結果可能就是你的收入。」獅子們還會聘請教練、加入智囊團，並且閱讀自己欣賞的人的著作，同時透過社交管道去結識這些人。

牢記這些基本的正確財富觀念

這裡簡要回顧，建立財富的基礎：

1. 累積財富是技能，就像你擁有的其他技能一樣。創造財富的方法很多，你不可能全都派上用場。但是你

得擁有足夠的教育和技能，好在機會出現的時候可以一眼辨識出來，或是找出大多數人都看不見的機會。如果今天你拿走我的所有財富，我可以在很短的時間內重建起來，因為我知道怎麼做。這是我技能的一部分，相信其他人也可以發展出相同的技能。

樂享生活理財族

此時此刻，因為已經把錢挹注在交易裡，所以人們就會想要學習投資理財。

2. 創造財富必須採取一致性的行為模式，同時配合使用系統，而不是一次性的退場事件。我從未獲得大筆分配。相反地，我一直都有小額報酬並持續累積。投資的時候，你得好好理解「一致性」，才不會每次投資的時候都試圖想要擊出全壘打。隨著時間的累積，擊出許多一壘安打和二壘安打的次數會增加。三壘安打很好，但是並非必要。

3. 首先投資自己。當你優先投資自己的心態、身體、精神時，就創造了更多的機會。如果沒有這樣的投資，

這些機會是不可能存在的。一個沒有健康的富人，會
花光所有的錢去找回健康。

成長心態

樂享生活理財族獅子的心態是：

- 願意學習
- 渴望更好的生活
- 注重成長
- 給予者，而非索取者
- 準備好為自己和他人投資
- 可訓練的
- 接受建設性的批評
- 行動者

交易結構

樂享生活理財族獅子會：

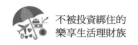
- 安排生活，讓自己有時間對所學的內容採取行動
- 調整自己的時間表來創造利潤
- 學習並增加自己的投資知識
- 離開自己的舒適區
- 與志趣相投的人和其他投資人為伍

篩選過濾

樂享生活理財族獅子具備的準則：

- 願意先投資自己
- 願意投資實際資金
- 願意模仿其他成功的投資人
- 根據所受的財務教育做財務決策
- 擁有正確的投資態度

談判商議

樂享生活理財族獅子會採取這些行動：

- 在每個機會裡尋求雙贏
- 抓住每個機會做對社區有意義的貢獻
- 以生產者的身分為他人服務，而非在每個機會裡都扮演消費者的角色
- 以成長型合作夥伴關係抓住每個機會
- 在每個機會裡尋找十倍獲利

現在就開始樂享生活投資理財

你可以在任何年齡、任何人生階段，成為樂享生活理財族獅子。最近一位客戶告訴我，他 13 歲的孫女想創業；當他聽她講的時候，他意識到自己可以教她成為樂享生活理財族，就像他為了讓自己成為樂享生活理財族所做的一切努力這樣。孫女用自己的積蓄進行投資，並且聽從了祖父的指導（她還向祖父借了一筆小額貸款，這筆錢必須要償還）。

現在，這位客戶的孫女每個月從自己的投資賺到 125 美元。對於 13 歲的孩子而言，這是一大筆錢！所以她的祖父正在教導她，如何把賺來的現金流拆解成儲蓄、新投資、償還欠他的貸款。因為他詳盡的教她成為獅子的好處，她當然也會花些錢在自己想要的有趣事物上。

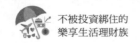
　　這個故事體現了我喜歡的行為與態度。有人透過學習成為樂享生活理財族，並且把這些知識傳授給另一個人。特別讓我興奮的是，這個家庭的行為將對未來幾代家庭成員和朋友產生影響。

　　無論年紀多大，你都可以選擇成為樂享生活理財族。最關鍵的重點是，你得擁有正確的心態，並且開始旅程。

第 18 章
謹記初衷

　　想像一下，當你為自己設計了完美的一天，評估了重要的自由價值觀、創造鼓舞人心的自由願景，並且朝向「樂享生活理財族的心態」邁開第一步行動時，是什麼樣的生活？請你回顧「樂享生活投資理財的核心原則與標準」這一章裡所提及的原則一「心態」，並且為實現夢想做好準備。

　　這是我為你描繪的夢想：找出那些你從未見過的機會，創造自己想要的生活。我鼓勵你採取接下來的六大步驟：

1. 重新閱讀金律 ──「生活擺第一」的自由願景

　　針對「身為樂享生活理財族，你想要什麼」，現在就是為願景與夢想做定錨的最佳時機！你比自己想像中更接近獲取財務自由、每月現金流，以及被動收入。

2. 收聽樂享生活理財族的播客

　　開始發揮自己最大的潛力！你必須取得技巧和原則，學習如何思考和投資以控制風險，並且最大化可重複產生的

報酬，利用被動收入現金流策略來實現樂享生活理財族的
目標。

3. 收看賈斯汀的影片，了解更多樂享生活投資理財的課程

正在閱讀這本書的你，可能是想尋找實用、具戰術的資
源和工具，以提供「成為樂享生活理財族」的捷徑。我的影
片與課程可以為你補強一些重要的想法，並且透過我最近的
投資範例來學習。（我持續增加更多投資範例，同時發掘並
學習新的方法，來構建可以仿傚的絕佳機會。無論你擁有多
少資本，這些方法都適用。）

4. 參加樂享生活理財族的線上課程

你用時間換取金錢了嗎？從今天起，你有機會開始對此
有些作為。樂享生活理財族課程是進階的線上課程，專門為
那些現在就想成為樂享生活理財族的人們而開設（而非為那
些想先儲蓄的觀望者而設計）。這是培訓課程，針對想獲得
更多時間自由的人，教導他們如何投資。

5. 申請加入樂享生活理財族策劃部落

如果你真的想成為樂享生活理財族、你想學習並建立現
金流投資組合、你想接觸我的專家與顧問網絡，你可以藉由

與志同道合的成功人士共處，為自己節省幾十年的時間。

6. 申請成為賈斯汀私人客戶培訓專案的獅子

如果我在這本書裡所分享的範例和故事，可以引起你的共鳴；如果你至少有 25 萬美元可以投資；如果你願意接受指導，可以避免長期失誤或損失數百、數千，甚至數百萬美元的成本，那麼加入我的私人教練小組將會是個機會！你和我可以用一對一方式來建立投資組合，透過有趣且令人興奮的投資方法，來滿足你想要的生活。這些投資將會帶來長期現金流，以及未來參與大退場的機會。

準備好了嗎？要放手一搏了嗎？出發吧！

謝詞

寫這本書，是我所做過最鼓舞人心、最具創造性的事情之一。這是我過去 20 年創業與投資生涯的顛峰之作。過程中，我學到許多經驗與教訓，許多人都對本書的內容做了貢獻。我非常感謝每一位參與本書的人！這是一支由頂尖人才所組成的夢幻團隊！如果沒有你們的幫助和影響，這一切將無法實現！

多年來，我的幾位朋友一直強烈鼓勵我撰寫一本書。他們不斷的提醒，使得我開始萌生念頭。約翰・魯林（John Ruhlin）、約翰・凱恩（John Kane）、喬恩・弗羅曼（Jon Vroman）、哈爾・埃爾羅德（Hal Elrod），感謝你們的友誼、靈感、支持，陪伴我這段寫作之旅。我非常珍視我們的友誼，感謝你們的堅持、鼓勵、信念。

蒂姆・尼古拉耶夫（Tim Nikolaev）：你影響了我對投資的想法與用時間換取金錢的思考方式，這對我的生活很有幫助。謝謝你分享自己創造財富與購買可以產生收入的資產的想法，這可以作為贖回時間的工具。

布拉德・強森（Brad Johnson）、肖恩・斯帕克斯（Shawn

Sparks）、瑞安·萊維斯克（Ryan Levesque）：感謝你們一直以來對這本書的信任與支持，也感謝你們成為「樂享生活理財族策劃人」與「投資理財俱樂部」的原始成員，為這本書提供了很多原始內容。

你們是提供我寶貴意見的參謀！在我完成這個激勵人心的計畫上，注入了更多的動力和靈感。

爸爸媽媽：謝謝你們在一個充滿愛與恩典的家庭把我養大，給了我渴望的自由和自主，讓我成為今天的自己。無論我做什麼，你們都支持我，為此我非常感謝你們。你們給了我選擇的自由，讓我從錯誤中汲取教訓。你們給了我成長的空間，讓我學會自己飛翔。我的成功大部分要歸功於你們兩位，我也感謝你們始終對我的信任。

邁克·柯尼希斯（Mike Koenigs）、瑪麗莎·布拉斯菲爾德（Marissa Brassfield）：謝謝你們帶給我的靈感和創意。你們為我提供願景、激勵的氛圍和環境，來創造這些很棒的內容，並且捕捉到我想要表達的故事。你們都注意到一些很特別的東西，並且以前所未有的方式引導我做出實現。更不用說，我這輩子最開心的事，就是和你們倆在一起。我很高興能與你們所有人一起參與這個工作，並且在過去的一年裡，我們一起渡過的時間，彼此建造了難得可貴的友誼。

安柏·維爾豪爾（Amber Vilhauer）：關於這本書，以及

延伸出來的其他項目，感謝你為我做的一切，如此興奮且充滿信心！你一直盡力提供最高水準的服務和支援。在很多方面，你都是很好的共事夥伴。你的職業道德首屈一指！而且確實能讓自己在同業裡脫穎而出。我喜歡和你一起工作的每一分鐘！

卡里・奧伯布倫（Kary Oberbrunner）與其神奇的團隊，包括克爾斯滕・山姆（Kirsten Samuel）、大衛・山姆（David Samuel）、布倫達・海爾（Brenda Haire）：感謝你們的深思熟慮、協力合作，以及對細節的關注。你們是一支充滿智慧和創造力的不可思議團隊，能與你們每一位一起工作，我感到很幸運！我非常享受和你們在一起的時光，很感激你們每一個人對這本書的貢獻。

薩凡納：妳激勵著我！我在這本書裡分享的許多東西，都是留給妳以後去學習的。我對妳的學習能力與對所有事物的好奇心感到驚訝。如果沒有妳，這本書是不可能完成的。正是因為有妳，我才明白我必須把所有的想法整理起來。我太愛妳了！我已經等不及了！期待妳長大，等待著妳決定和我一起投資！

珍妮佛：在我所做的每一件事上，妳一直都支持著我！在我前進的每一步裡，妳都是鼓勵我的最大力量！妳是我最忠實的粉絲，這對我而言意義重大。我創業生涯裡所經歷的

所有挑戰和成功，妳一直都是我堅強的後盾。妳的洞察力獨
一無二！我非常愛妳，非常感激能和妳一起生活的每一天。

詞彙表

【4畫】

- **天使投資人（Angel Investor）**

  為小型初創公司或創業者，提供資金支援的高淨值個人（也被稱為私人投資人、種子投資人、天使投資人），一般常以公司股權作為交換條件。通常，天使投資人是企業家的家人和朋友；他們所提供的資金，可能是幫助公司起步的一次性投資，也可能是持續性的資助，藉此支持公司度過艱困的草創階段。

- **不對稱風險／不對稱報酬（Asymmetric Risk / Reward）**

  不對稱風險指的是，當標的資產在某方向上移動時所實現的收益，與在相反方向上移動時所產生的損失發生顯著不同時，投資人所面臨的風險。不對稱報酬指的是，當標的資產在某方向上移動時所實現的收益，與在相反方向上移動時所產生的損失發生顯著不同時，投資人可以獲得的報酬。

- **內部報酬率（Internal Rate of Return, IRR）**

  在財務分析裡，投資報酬率（ROI）是衡量從開始到結束的總報酬；而內部報酬率（IRR）則是估計潛在投資獲利能力

的業績衡量標準，用來確定年度報酬。

- **公募股權（Public Equity）**

  經由公開市場（例如，紐約證券交易所、倫敦證券交易所）
  買賣的股票。公司通常會向投資人提供購買「普通股」或
  「特別股」的權利。

【5畫】

- **平均報酬率（Average Rate of Return）**

  反映某投資或資產的報酬率與初始投資成本相比的公式。請
  留心！這個平均值可能會產生誤導，而且不一定反映實際報
  酬率（參見實際報酬率）。

- **失去機會成本（Lost Opportunity Cost）**

  選擇另一種行動方式所放棄的利益，也被稱為機會成本。失
  去的機會有時候是用損失的貢獻邊際（銷售額減去相關的變
  動成本）來衡量。

【6畫】

- **年度經常性收入（Annual Recurring Revenue, ARR）**

  財務指標的一種，用來顯示商業產品或服務的年度收入。在
  本書，專門指現有訂閱的收入，通常也稱為年運行率。

- **有限合夥人（Limited Partnership, LP）**

  兩名或兩名以上合夥人經營業務時，必須對「不超過自己投資的金額」承擔責任。普通合夥人負責監督和經營業務，有限合夥人不參與管理業務。然而，普通合夥人對債務負無限責任，但是任何有限合夥人的責任則以自己的投資金額為限（「有限責任合夥」不同於「有限責任合夥」或 LLP）。

- **收入份額（Revenue Share / Rev Share）**

  銷售收入在利益相關者或貢獻者之間，經由銷售商品或服務所產生的收入總額分配。收入份額不應與利潤份額混淆，因為利潤份額只有利潤被劃分，也就是說，只有除去成本後的剩餘收入。

【7 畫】

- **每月經常性收入（Monthly Recurring Revenue, MRR）**

  用來顯示每個月業務產品或服務收入（本書特別是指現有的訂費收入）的財務指標，通常也稱作月運行率。

- **私募股權（Private Equity）**

  由資本組成，而且未在公共交易所上市的另類投資類別。由直接投資於私營公司或參與收購上市公司的投資人資金所組成，從而導致公共股權退場。

- **投資報酬率（Return on Investment, ROI）**

  績效衡量標準，用來評價某項投資的效率，或是比較若干種不同投資的效率，試圖直接衡量特定投資的報酬率與投資成本之間的關係。利用投資收益（或報酬）除以投資成本後計算出結果，採用百分數或比率做表示。

【8畫】

- **附帶權益（Carried Interest / Carry）**

  針對私募股權或對沖基金投資的投資經理或普通合夥人，所支付的部分投資利潤。無論他們是否投入初始資本，都會獲得這部分補償。

- **直接認列（Direct Recognition）**

  當現金價值被用作抵押品時，現金價值的收益率同時受到正向與負向影響的公司。非直接認列的公司，貸款現金價值的收益率完全不受貸款現金價值影響。

- **股權投資（Equity Investment）**

  為了參與或控制公司的經營，而投資購買公司股權的行為。投資人稱為股東，有權利根據他的所有權百分比，獲得有價補償。

- **長期資本利得稅（Long-Term Capital Gains Tax）**

  對持有一年以上的資產，所課徵的稅賦。根據收入不同，長

期資本利得稅分別為 0、15％、20％；一般而言，這些稅率遠低於普通的所得稅稅率。

- **非相關的資產／不相關的資產（Non-correlated Asset or Uncorrelated Asset）**

  一種資產，其價值與傳統市場（例如股票市場）的較大波動無關。

- **非直接認列（Non-Direct Recognition）**

  保險公司的一種策略，其現金價值的收益率不受任何貸款對現金價值的影響。與直接認列不同的是，當採用保單質借貸款時，不存在成本與較低的股息。

- **房地產投資信託（Real Estate Investment Trust,REIT）**

  房地產公司擁有、經營、資助，所產生收入的房地產的公司。REIT 仿效共同基金，將眾多投資人的資金彙集在一起，讓個人投資人可以從房地產投資中獲得股息，而不需要自己購買、管理、融資任何房地產。

【9 畫】

- **信託契約（Deed of Trust）**

  放款人和借方之間的協議；雙方將財產交給中立的第三方，由這個第三方擔任受託人（受託人擁有財產的法定所有權），持有財產直到借款人還清債務。除非信託契約另有明文規定，否則在還款期間，借款人得保留該財產的實際或衡

平法上的所有權,並且對該財產負全部責任。

- **衍生性商品／高風險衍生性商品(Derivatives or High-Risk Derivatives)**

  由各方之間的合約,所組成的投資工具,其價值源自並取決於某標的金融資產的價值。與任何投資工具一樣,衍生性金融商品也有不同程度的風險。常見的衍生性金融商品交易包括期貨、選擇權、差價合約(即 CFD)、交換交易等。

- **負套利(Negative Arbitrage)**

  當市場之間的資產價格差異沒有利潤時,在購買和出售資產期間失去的機會。這發生在交易裡,不是利用相同或相似金融工具的價差以獲取利潤,而是價格變化造成交易損失。

- **風險投資(Venture Capital)**

  私募股權的形式,也是投資人向他們認為具有長期成長潛力的初創公司和小型企業所提供的融資方式。一般而言,風險投資來自富裕的投資人、投資銀行,以及其他可以提供風險資本的金融機構。

【10畫】

- **套利(Arbitrage)**

  購買和出售一項資產,利用該資產在不同市場之間的價差來獲利。主要是利用相同或類似的金融工具,藉由它們在不同市場或不同形式的價格差異,來牟利的交易方法。套利是市

場效率低落的結果。反之，如果所有市場都完全有效，那麼也就不存在套利。

- **息稅折舊攤銷前盈餘（Earnings Before Interest Taxes Depreciation and Amortization, EBITDA）**

衡量公司整體財務績效的方法。

- **留置權（Lien）**

針對「用於擔保貸款」的資產的法律索賠，在出售該房產時必須償還。留置權可以用許多不同方法構成。在某些情況下，債權人雖然對某資產擁有法律上的索取權，但是實際上並不擁有該資產。其他情況下，債權人實際上會一直持有該資產，直到債務還清。前者是常見的安排，當資產屬於生產性質時，因為債權人更希望資產被用來產生收入流以償還債務，而非僅僅只是持有卻不使用。

- **特許權協議（Royalty Agreement）**

雙方之間的法律合約，其中一方同意向另一方支付某種費用。通常是根據「因為使用或執行某資產，所獲得總收入或淨收入的一定百分比」做支付。

- **追索權貸款（Recourse Lending）**

如果借款人未能依約償款，並且相關資產的價值不足以償還債務時，可以幫助貸款人收回投資的貸款。追索權貸款是有擔保融資的一種形式，允許貸方追查債務人未用作貸款抵押品的其他資產，或在違約的情況下採取法律行動以償還全部

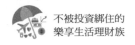
債務。

【11 畫】

- **現金流（Cash Flow）**

  從投資與其他資產獲得的收入。

- **現金流投資（Cash Flow Investing）**

  資產或投資所產生的現金流，以持續和定期的原則做支付。
  （至於分紅或利息，則是按季或按月做支付。）

- **現金返還（Cash-On-Cash Return）**

  報酬率的一種，常用於房地產交易，以及其他產生收益的資
  產；用來計算投資某資產的現金所獲得的現金收益。現金返
  還是衡量投資人的資產年度報酬，與投資的現金數量有關，
  因此被認為是最重要的房地產投資報酬計算方法之一。

- **商用不動產抵押證券貸款（Commercial Mortgage-
  Backed Security Loan,CMBS Loan）**

  由第一順位商業抵押貸款支持的商業房地產貸款。此類貸
  款，是由商業銀行與投資銀行或證券化貸款機構，所持有和
  出售，適用於公寓、酒店、倉庫、辦公室、零售，或是任何
  其他需要此類空間的公司或企業相關的房地產。

- **第三方託管（Escrow）**

  描述金融工具的法律概念，在該金融工具，資產或代管資金

是由第三方代表正在完成交易過程的其他兩方所持有。

【12 畫】

- **期末整付（Balloon Payment）**

  貸款期限結束時，一次性支付比平常更多數額的款項。

- **集中風險（Concentration Risk）**

  投資組合因為集中於單一交易對手、產業類別、國家，而產生的風險水準。集中風險是透過觀察與比較而來，投資組合愈是集中，其風險分散程度就愈低。因此，標的資產的報酬就更具相關性。

- **硬通貨貸款（Hard Money Loan）**

  由不動產做擔保的貸款，被認為是「最後手段」的貸款或短期過度性貸款，主要用於房地產交易，貸款人大都是個人或公司，而非銀行。

- **最低報酬率（Hurdle Rate）**

  1. 投資經理人獲得獎勵的酬薪前，必須為基金賺取的報酬率。（允許公司針對「是否進行某特定專案」做重要決定。描述當前風險級別的適當補償。風險較大的專案通常會要求更高的最低報酬率。為了確定報酬率，必須考慮的部分包括相關風險、資金成本，以及其他可能投資或專案的報酬等。）

2. 針對專案或投資，經理人或投資人所要求的最低報酬率。

- **最低保證報酬（Minimum Guaranteed Return）**

  選擇終身壽險產品保證的最低報酬。

- **短期資本利得稅（Short-Term Capital Gains Tax）**

  針對持有少於一年的資產，出售時所獲得的利潤而徵收的稅賦。因為短期資本利得稅的設置，投資人在聯邦稅賦等級中可以按照自己支付普通所得稅的相同稅率來納稅。

【13畫】

- **資產現金流（Asset Cash Flow）**

  與商業資產相關的所有現金流量總和。該資訊是用來確定，企業營運活動裡被分拆或使用的現金淨額。

- **過度性融資（Bridge Loan）**

  針對個人或公司，在獲得永久性融資或解除現有債務前，所使用的短期融資。過渡性融資是短期貸款，通常是一年期限。

- **債權投資（Debt Investment）**

  貸款給機構或組織，以換取本金加利息報酬承諾的金融交易。與經由購買普通股或優先股所進行的傳統股權投資相反。

- **資產折舊（Depreciation / Depreciating an Asset）**

  對有形資產或實體資產的使用壽命或預期壽命，進行成本分配的會計方法。折舊表示某資產的價值被用完的程度。資產

折舊有助於公司從資產獲得收入，同時每年將使用中的資產部分成本攤提；如果不考慮，會對利潤產生極大影響。

【14畫】

- **實際報酬率（Actual Rate of Return）**

  反映某項投資在一段時間內，與初始投資成本相比較後的實際收益（或損失）公式。這是衡量實際投資報酬的首選方法；因為它不是基於平均百分比，而是基於與原始成本相比較後的實際投資報酬。請留心！平均報酬率的「平均」這兩個字，可能會產生誤導。

- **認股權證（Warrant）**

  選擇權的一種，賦予人們在到期日之前，可以用特定的價格買賣證券（通常是股票）的權利（而非義務）。至於標的證券可買賣的價格，則是被稱為執行價格或行權價格。

【15畫】

- **潛在交易（Invisible Deals）**

  一般不為公眾所知的交易。因為如果公眾已知，很可能就無法達成。由於具有排他性，所以很難進入，但可以是新興市場、新技術、顛覆性趨勢的交易。

- **賣出選擇權（Put Option）**

  給予所有者權利（而非義務），在特定時間內，可以用預定價格（執行價格）出售或賣空一定數量標的證券的合約。賣出選擇權最常交易的標的資產，包括了股票、貨幣、債券、大宗商品、期貨和指數。至於房地產與私人股權交易投資方面，還可以透過談判的方式來獲得賣出選擇權，以防範交易失敗時所產生的資本風險。賣出選擇權可與買入選擇權互相做比較；買入選擇權賦予持有人權利，可以在選擇權合約到期日（或之前），以指定價格買入標的。

【17畫】

- **優先購買權（Right of First Refusal）**

  合約裡的一方與另一方協商合約條款的權利，也稱為優先承購權。

- **償債能力比率（Solvency Ratio）**

  用來衡量企業償債能力的關鍵指標，常被潛在的事業貸款人使用。償債能力比率是指，公司的現金流是否足以應付短期負債和長期負債。公司的償付能力比率愈低，債務違約的可能性愈大。

【18 畫】

- **轉讓權（Assignment）**

  轉讓個人的權利或財產，給另外一個人或另外一間公司。在
  各種商業交易裡，都存在轉讓權。對投資人而言，最著名的
  例子就是轉讓買賣合約（PSA），受讓人有義務完成合約要
  求。至於其他商業交易，也會發生轉讓的情形。

【19 畫】

- **證券化的貸款（Conduit Loans）**

  從華爾街金融機構籌集資金，用於私人房地產投資與其他類
  型投資的方式。

【22 畫】

- **攤銷（Amortization）**

  在一段時間內逐步的償還債務（例如按月償還抵押貸款）。
  攤銷，通常是根據比實際貸款期限更長的時間，來降低每個
  月的償款金額，藉此創造更大的獲利能力和現金流。

參考書籍

　　我讀過的所有書籍（有關金錢、投資、生活方式、個人發展、個人成長等），都有詳細的清單可以提供給你做參考。考量這個清單涵蓋的主題範圍很廣（因為我平均每年會閱讀 70 ～ 150 本書籍），所以我只列出其中一部分書單。

　　以下的 25 本書，是我推薦的首選。推薦給每一位樂享生活理財族聆聽或閱讀（碰巧我也喜歡有聲讀物）。

1. 《富爸爸・窮爸爸》（*Rich Dad, Poor Dad*），羅伯特・清崎（Robert T. Kiyosaki）著

2. 《富爸爸，有錢有理》（*Rich Dad's Cashflow Quadrant*），羅伯特・清崎（Robert T. Kiyosaki）著

3. 《免稅的財富》（*Tax-Free Wealth*），湯姆・惠賴萊特（Tom Wheelwright）註冊會計師著

4. 《巴菲特寫給股東的信》（*Berkshire Hathaway Letters to Shareholders*），華倫・巴菲特（Warren Buffett）著

5. 《快速致富》（*The Millionaire Fastlane*），MJ・狄馬哥（MJ DeMarco）著

6. 《殺死聖牛》（*Killing Sacred Cows*），嘉瑞特・B・岡德森

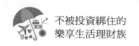
（Garrett B. Gunderson）著

7. 《洛克斐勒家族會怎麼做？富人如何變有錢並保持富裕，你也做得到》（*What Would the Rockefellers Do? How the Wealthy Get and Stay That Way, and How You Can Too*），嘉瑞特‧B‧岡德森（Garrett B. Gunderson）著

8. 《金錢掌握遊戲》（*MONEY Master the Game*），托尼‧羅賓斯（Tony Robbins）著

9. 《屹立不搖》（*Unshakeable*），托尼‧羅賓斯（Tony Robbins）著

10. 《無為而治投資人》（*The Hands-Off Investor*），布萊恩‧柏克（Brian Burke）著

11. 《哲基爾島上的生物》（*The Creature from Jekyll Island*），G‧愛德華‧格里芬（G. Edward Griffin）著

12. 《政府對我們的錢做了什麼？》（*What Has Government Done to Our Money?*），穆瑞‧羅斯巴德（Murray N. Rothbard）著

13. 《納瓦爾‧拉維肯特年鑒》（*The Almanack of Naval Ravikant*），艾瑞克‧喬根森（Eric Jorgenson）著

14. 《比特幣標準》（*The Bitcoin Standard*），塞費迪安‧阿穆斯（Saifedean Ammous）著

15. 《金錢網路》（*The Internet of Money*），安德烈亞斯‧安東諾普洛斯（Andreas M. Antonopoulos）著

16.《思考致富》（*Think and Grow Rich*），拿破崙・希爾（Napoleon Hill）著

17.《成為你自己的銀行家》（*Becoming Your Own Banker*），R・尼爾森・納什（R. Nelson Nash）著

18.《私人銀行如何確實運作》（*How Privatized Banking Really Works*），L・卡洛斯・拉拉（L. Carlos Lara）、羅伯特・墨菲（Robert P. Murphy）博士著

19.《貨幣戰爭》（*Currency Wars*），詹姆斯・里卡茲（James Rickards）著

20.《投資常識小書》（*The Little Book of Common Sense Investing*），約翰・柏格（John Bogle）著

21.《為生活設定》（*Set for Life*），斯科特・特倫希（Scott Trench）著

22.《智慧型股票投資人》（*The Intelligent Investor*），班傑明・葛拉漢（Benjamin Graham）著

23.《一週工作四小時》（*The 4-Hour Workweek*），提摩西・費里斯（Timothy Ferriss）著

24.《只用 10%的薪水，讓全世界的財富都聽你的》（*The Richest Man in Babylon*），喬治・山繆・克雷森（George S. Clason）著

25.《羅斯富人》（*Roths For The Rich*），威廉・達菲（Will Duffy）著

關於作者

　　《創業家》雜誌稱賈斯汀・唐納德為「投資界新一代的華倫・巴菲特」。他是低風險現金流投資的大師，擅長簡化複雜的金融策略、構建交易，以及持續產生獲利結果的有紀律投資系統。他的信條是：「創造財富，而非創造工作。」

　　經過了 21 個月的時間，在他 40 歲生日前，賈斯汀的投資為他和妻子珍妮佛帶來了足夠的被動收入，讓他們得以辭去原來的工作。

　　按照自己的簡單投資系統與樂享生活投資理財 10 條金律，賈斯汀與超過 100 間公司談判交易，將他的淨資產增加到八位數以上，實現以家庭為中心的生活。僅僅兩年，他的淨資產又再次翻倍。

　　現在的他，為企業家與高階主管提供樂享生活投資方面的諮詢和建議。賈斯汀是本書作者，也是自己的播客《樂享生活理財族》（Lifestyle Investor）主持人，兩者的特色，都是聚焦在他的經驗，以及經過驗證的投資系統（該系統可以持續產生可重複獲得的報酬）。

　　透過播客，賈斯汀將他的智慧放進你的口袋隨身攜帶，

跟著你一起開車、騎自行車、跑步。每週賈斯汀都會分享他
創造財務自由的最新技巧與策略，這些資訊適合每一個人。

賈斯汀是終身領導者與培訓師，擁有良好業績紀錄。20
多歲時，他與 Cutco / Vector 合作，並迅速成為公司的高階
經理之一，同時躋身名人堂最年輕的成員之一。他的個人最
佳實務戰術分布全國各地，作為在職銷售代表的培訓計畫。

在這個職位上，賈斯汀開始大量投資房地產。他現在擁
有好幾間賺錢的房地產相關企業、一個多戶型租賃的大型投
資組合、OrangeTheory Fitness 特許經營，以及其他幾間成
功的營運公司。他的創業公司包括 2016 年成立的住宅維修
重建公司 IFM Restoration。最近，這間公司的 A 輪投資得到
德州最大風險投資公司 S3 Ventures 支持（S3 Ventures 領導
了這輪投資）。

賈斯汀是 Tiger 21 的成員，也是 Front Row Foundation
International 的董事會成員。他和珍妮佛私下透過自己的教
會，為各種事業做貢獻，例如抗癌、在第三世界國家修建清
潔水井、從事其他人道主義工作，以及透過國際同情組織資
助多名兒童等。唐納德一家住在德州奧斯丁，他們喜歡冒險
式的國際旅行。

全世界的觀眾都渴望聽到賈斯汀‧唐納德的演講，就只
為了一個簡單的理由：學習在不必工作的情況下，透過建立

低風險的投資組合，來產生被動收入。如果想要邀請賈斯汀演講，也可與賈斯汀聯絡。

關於「樂享生活理財族」®

　　想像一種令人興奮的新生活，你可以賺取被動收入，累積長期資產，不用工作也能實現完全的財務自由。

　　如果你知道，可以利用低風險現金流投資原則來實現這樣的轉變，進而產生被動收入流，並且創造大量財富，你有興趣嗎？

　　賈斯汀・唐納德的新書備受期待！書中內容讓人大開眼界，詳細向你展現了通往這個目標的方法。本書揭示了現金流投資的策略和原則，準確告訴你如何達成目標：

- 把你的生活擺第一
- 降低你的投資風險
- 找到大家看不到的交易
- 創造立即的現金流
- 快速拿回你的本金
- 用被動現金流取代工作

除此之外，你會發現如何「優化」自己的交易、運用財

務槓桿創造優勢，並且向專家學習，確保每一塊錢都可以產生報酬。

透過分享真實世界的案例研究，賈斯汀闡述了樂享生活理財族的心態。這些案例研究裡的創業家和高階主管，都在自己的生活中展現了完全的自由。

賈斯汀也在網站中開設課程，教你樂享生活投資理財的原則。讓你學到現實生活中的例子、案例研究，以及他正在進行的頂尖交易，讓你不再用時間交換金錢。在降低投資風險的同時，創造即時現金流，盡快收回本金，以便可以同時進行多筆投資。

與賈斯汀聯繫

網站：LifestyleInvestor.com

Email：Info@LifestyleInvestor.com

LinkedIn：LinkedIn.com/in/JustinWDonald/

Facebook：LifestyleInvestor.com/FB

Instagram：Instagram.com/justindonald/

 采實文化 翻轉學

線上
讀者回函

多數人投資理財，
都在學別人的方法，
但不見得適合自己的生活方式，
為了追求財務自由，
努力賺錢、研究投資，
卻犧牲了生活品質，
報酬率仍不如預期。
其實，真正理想的自由是，
當個──樂享生活理財族！

https://bit.ly/37oKZEa

立即掃描 QR Code 或輸入上方網址，

連結采實文化線上讀者回函，

歡迎跟我們分享本書的任何心得與建議。

未來會不定期寄送書訊、活動消息，

並有機會免費參加抽獎活動。采實文化感謝您的支持 ☺

 翻轉學　翻轉學系列 091

不被投資綁住的樂享生活理財族

《華爾街日報》第 1 名暢銷書，讓每一塊錢都能回本的
「低風險現金流投資法」，打造真正理想的財富與自由
The Lifestyle Investor: The 10 Commandments of Cash Flow
investing for Passive Income and Financial Freedom

作　　　　者	賈斯汀・唐納德（Justin Donald）
譯　　　　者	簡瑋君
封 面 設 計	FE 工作室
內 文 排 版	黃雅芬
責 任 編 輯	袁于善
特 約 編 輯	王淑儀
行 銷 企 劃	陳可錞・陳豫萱
出版二部總編輯	林俊安

出 版 者	采實文化事業股份有限公司
業 務 發 行	張世明・林踏欣・林坤蓉・王貞玉
國 際 版 權	鄒欣穎・施維真
印 務 採 購	曾玉霞
會 計 行 政	李韶婉・簡佩鈺・柯雅莉
法 律 顧 問	第一國際法律事務所　余淑杏律師
電 子 信 箱	acme@acmebook.com.tw
采 實 官 網	www.acmebook.com.tw
采 實 臉 書	www.facebook.com/acmebook01

I S B N	978-986-507-922-2
定　　　　價	420 元
初 版 一 刷	2022 年 8 月
劃 撥 帳 號	50148859
劃 撥 戶 名	采實文化事業股份有限公司
	104 台北市中山區南京東路二段 95 號 9 樓
	電話：(02)2511-9798　傳真：(02)2571-3298

國家圖書館出版品預行編目資料

不被投資綁住的樂享生活理財族：《華爾街日報》第 1 名暢銷書，讓每一塊
錢都能回本的「低風險現金流投資法」，打造真正理想的財富與自由 / 賈斯
汀・唐納德（Justin Donald）著；簡瑋君譯 . – 台北市：采實文化，2022.8
320 面；14.8×21 公分 . --（翻轉學系列；91）
譯自：The Lifestyle Investor: The 10 Commandments of Cash Flow investing
　　　for Passive Income and Financial Freedom
ISBN 978-986-507-922-2（平裝）
1.CST: 個人理財 2.CST: 投資
563　　　　　　　　　　　　　　　　　　　　　　　　111010087

The Lifestyle Investor: The 10 Commandments of Cash Flow investing for Passive
Income and Financial Freedom
Original English language edition published by Author Academy Elite.
Copyright©2021 by Justin Donald.
Traditional Chinese edition copyright ©2022 by ACME Publishing Co., Ltd
Copyright licensed by Waterside Productions, Inc.,
arranged with Andrew Nurnberg Associates International Limited.
All rights reserved.

采實出版集團
ACME PUBLISHING GROUP
版權所有，未經同意不得
重製、轉載、翻印

翻轉學

翻轉學